淨土百問

釋大安 講述

目錄

一、初機入門

三、實修篤行

五、戒如冰雪 二一九

六、敦倫盡分 二四一

的想法是否可行？

06 二四九

我總想管教我父親的不良習慣：打麻將、飲酒。我覺得父母在精神上對我不關懷，未給予我正確的指導。我是一位精神分裂症患者，已得病七年。我的願望是促進家庭關係和諧，言語溫和，成為一個健康人。我不知道管教父親對不對？請對我進行指導。

07 二五〇

望法師給我們講點大乘經典，不要講《文昌帝君陰騭文》之類的東西。我們想聞佛法，《文昌帝君陰騭文》不就是老子、莊子和孔子這些《道德經》、《孝經》之類的書嗎？

08 二五二

現在弘揚《弟子規》的朋友們也經常宣揚《二十四孝》，可是我聽說裏面有個郭巨為了孝養母親，卻要活埋自己的親生兒子，難道這也算孝道嗎？

09 二五四

我的母親接觸佛法後，大事小事忙不停，把自己搞得像個苦行僧一樣，嚴重影響了個人的健康。母親一直比較強勢，除了要求家裏淨口素外，也不允許家人應酬（因為應酬會喝酒、吃肉）、看電視，家人覺得生活沒有了意思，這嚴重影響了家庭關係。目前，家人都已經無法跟她溝通，她十分固執。請問我母親的學佛思路對不對，這樣學佛能真的幸福嗎？

一、初機入門

■佚名《竹林觀音》

01 問：初學淨土者，應如何下手修學，方得真實利益？

答：

初學淨土者，宜以培植堅固信願為要務。信有事信與理信二種，事相上的信是相信二有，即《阿彌陀經》所云：「從是西方，過十萬億佛土，有世界名曰極樂。其土有佛，號阿彌陀，今現在說法。」理信（或曰智信），是相信西方淨土不在吾人介爾一念之外（唯心淨土），阿彌陀佛恆在吾人心中結跏趺坐（自性彌陀），相信吾人本具阿彌陀佛性德，託彼名號，顯我自性，等等，茲不廣述。願即厭離娑婆、欣慕極樂，要真為生死發出離心，觀照此娑婆濁世，如火宅、如牢獄、如茅坑，不容一刻的停留；願往生心，萬牛莫挽。事信與理信均是建立在仰信佛言的基礎上，佛是具足大悲心者，佛無誑語，佛一切施為，悉皆饒益我等眾生；是故隨順佛語，依教奉行。具備這種深信切願之心態，憶佛念佛便法爾自然。聲聲佛號，契入彌陀願海；步步經行，趨近極樂故鄉。清涼安樂，慶快生平。這是從淨宗信願核心，單刀直入，獲得法益，此乃屬於般若智慧的範疇；如或未能，便從謹遵淨業三福入手，孝養父母，奉事師長，慈心不殺，修十善業。深信因果，孜孜修福，福德積累到一定程度，便可轉化為智慧，所謂福至心靈。有般若智慧，便會厭離三界之苦，油然興起欣慕蓮邦之樂。是故，淨宗念佛法門接引眾生，亦有因材施教之善巧，或事入，或理入；然總不離導歸彌陀願海，蒙阿彌陀佛大慈威神之力加持，成辦淨業。從修行功課上，應根據自己的工作生活條件，制定一個切實可行的功課；然總以簡潔、一門深入為主。每日堅持念佛或一萬聲，或二三萬聲，記入功課冊。以數量求質量，不可自瞞自欺。解門，亦先須一門深入，主要是對淨土五經一論與中國淨宗祖師的著作要熟稔。以此作為辨別是非邪正的座標，建立淨宗正信正見。待到淨宗信根深植後，行有餘力，可旁涉其他大乘經典，以廣見聞。其次，須親近淨土善知識，勉策信行，以古為師，如是方可獲得真實利益，不致走錯路頭。勉旃！勉旃！

02 問：作為一個初學者，我應該參加哪一類課程才能多瞭解佛法，並能應用在生活中呢？如果上課時感覺很睏，這是不是表示我與佛法暫時還沒有緣分？

答：

初學佛的同修，一接觸到如大海般的佛法，就想博覽遍學，順應這個因緣，各佛教機構亦開辦種種學習班，開設種種課程，這是佛教興盛的表現，吾人宜隨喜讚歎！然選擇哪些佛法課程來修學，卻要自揣根機，審慎抉擇。吾人生斯濁世，慧淺福薄，壽命短促，如欲遍學諸法，恐不堪勝任。宜選擇應機法門，一門深入，庶幾獲得佛法之實益。如仁者真為生死來修學佛法，便宜選擇淨土念佛往生一法。念佛法門無論是久修還是初學，也無論是上智還是下愚，悉皆能得利益。所謂三根普被，利鈍全收。上根利智念佛，不會有下抑之羞慚；下下根人念佛，卻有高攀之榮耀。若念佛者，能與諸上善人如觀音、勢至等聖眾作勝友，是何等的慶幸！是故，初機行人宜對淨土主要經論加以瞭解，諸如淨土五經一論與中國淨宗祖師的著述，像《印光法師文鈔》、《淨土十要》、《龍舒淨土文》等。通過這些基本典籍的研讀，對淨土法門植下堅固信根後，方可涉獵大乘方等經典。尤其重要的是，要將聖言量與祖師的開示落實在生活行持中。奉行淨業三福，老實執持名號，或一萬，或三萬。念佛能開發般若智慧，日常生活隨智慧行，便得自在安樂。以智慧做事，無論是從政、經商、治學、務農，還是日常生活中的待人接物，都能顯發心性深潛之能量，令我們的事業做得更卓越，對人更慈悲，卑以自牧，謙光可掬，好事與他人，壞事留自己，自可營造出和諧的人際關係。如是以佛法提升世法，相得益彰，才是我們學佛真正的利益所在。

至於聽經時感覺發睏，是由於昏沉重，宜生至誠恭敬心，自愧自責加以對治。對講法者作醫師想，對所說法作良藥想，對自己作患者想，對佛法作稀有難遭想。攝耳聆聽，自可排遣睏乏，安享法味，獲致法益。

03 問：我在電腦上聽講經，聽懂了些道理，引起了我學佛的心，但不知道從哪裏開始？誦哪一部經？念佛號為甚麼念不下去呀？

答：

能夠在電腦上聽經，發心修行，說明你有佛緣、善根。修行從哪開始呢？首先，從建立信心開始，相信佛所說的是放之法界而皆準的真理，深信有三世因果，有六道輪迴，深信有極樂世界阿彌陀佛的存在，深信自已本具如來藏性。相信這些「緣起性空而因果相續」的基本佛理之後，就要將了生死、成佛道作為自已今生唯一崇高的生命目標。而信願念佛、求生極樂淨土，即是圓成此一目標的最佳法門。

修行怎麼下手呢？要做早晚定課，從讀誦《阿彌陀經》、執持名號開始，根據自己的工作、生活情況，或念佛一千聲，或念三千聲，逐步達到每天念一萬聲。剛開始念佛妄念多，佛號或把持不住，要念清

■〔十三世紀〕《阿彌陀如來接引圖》詹森藝術博物館收藏

楚、聽清楚，妄念是病，佛號是藥，雖妄想紛飛，只要至誠懇切去念，便能達到藥到病除的效用。此時要咬住牙關，持之以恆，一心繫念，念念與佛號功德相應，就能得到法喜輕安了。嘗到了念佛的甜頭，便越念越想念，越念越心安，越念越歡喜。形成良性循環，念佛便成為吾人慧命生存之必需，正如吾人業報身生存離不開空氣與飲食一樣。

04 問：淨業行人如何勤修戒定慧？戒定慧有次第嗎？

答：

戒定慧又稱三無漏學，乃一代時教之總綱。戒又叫毗尼、波羅提木叉，戒律針對凡夫眾生的煩惱、習氣，所施設戒條最基本是五戒，即殺、盜、淫、妄、酒。戒定慧三者鉤鎖相連，不殺生是仁，不偷盜為義，不邪淫是禮，不妄語為信，不飲酒為智，是故佛教的五戒相當於儒家的五常。由戒生定，由定開慧；戒如捉煩惱賊，定如縛煩惱賊，慧即殺煩惱賊，三者缺一不可。就好像三層樓，戒律是第一層樓，禪定是第二層樓，般若智慧是第三層樓。是故戒為基礎，持戒不精嚴，便不可能有禪定，更不可能開顯智慧；是故極需注重戒定慧三無漏學，淨業三福就體現著戒定慧的內涵。

目前須謹防兩種誤區：一是說末法眾生是持不了戒的，阿彌陀佛對五逆十惡的罪人都能救，所以我不持戒也能往生；二是認為淨業行人持戒不清淨，如果他沒有禪定功夫，就不能往生。這兩種觀點都有偏激。應知淨業行人信願持名，雖然能仰靠彌陀願力帶業往生，但是仍要盡自己的最大努力去持戒。戒律是佛教的命脈所在，不持戒就不具備佛教徒的資格，尤其是出家人，不持戒就是敗壞佛教的幢相。戒律是佛法的最後所繫，持戒能增上往生的品位。同時我們也要認識到，光靠持戒的功夫是難以往生西方淨土的；往生淨土全憑信願感通佛力，成辦往生淨業；持戒念佛功夫的深淺能決定往生品位的高低。那麼認為非要持戒清淨和有禪定的功夫才能往生，這表明對奇特殊勝之淨土法門不瞭解。另，淨業行人須知，信願念佛即含攝戒定慧：若能一心念佛，諸惡不敢入，即為戒；若一心念佛，心不攀緣外境，即為定；若一心念佛，觀照佛聲，字字分明，亦觀能念、所念皆不可得，即為慧。是故至心念佛，萬德齊彰。一法具一切法，妙德難思，願淨業同仁以念佛為當務之急。

05 問：弟子是學前班老師，如何對孩子進行佛學教育，而且讓不信佛的家長不誤解為對其孩子進行宗教意識灌輸？

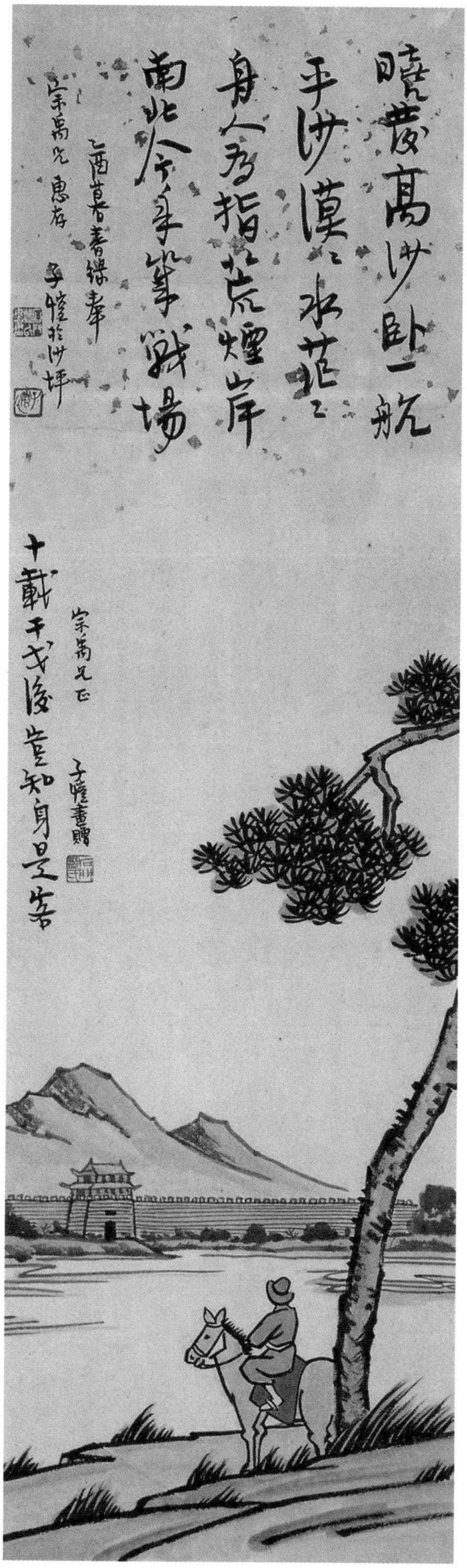

■〔現代〕豐子愷《十載干戈後豈知身是客》

答：

作為學前班的老師，出於慈悲，應對班上的孩子先進行道德人格教育，灑掃應對，孝悌仁慈，順應孩子純潔的心靈。對他們進行仁愛的教育，教他們愛父母、愛老師、愛同學、關愛苦難人羣，愛一切生命，包括蒼蠅、蚊子等蜎飛蠕動之類，培植孩子善良的天性，然後可以向他們講些因果故事，注入善有善報、惡有惡報的觀念。

其次，培養孩子的審美情操。欣賞寧靜的古樂，朗誦唐詩宋詞，引導孩子讀儒家經典，如《三字經》、《論語》、《大學》、《中庸》等，讓他們多看些像豐子愷的《護生畫集》之類的善書。這些教育，並無宗教色彩，任何家長都能接受。

視具體情況，向孩子介紹阿彌陀佛、觀世音菩薩名號的好處，最好將佛號編成兒歌風格，寓教於樂，潛移默化，家長亦不知不覺受到佛化。

總之，在社會上做佛學教育，要考慮國情和眾生接受情況，要善巧方便才能有所成效。從儒家教育開始，漸次浸潤佛法精神，變化氣質。素質優良，即可為家長們所接受、歎服。

06 問：我的小孩五歲，患有自閉症，智力低下，不與人溝通，上不了學。我念佛，念《地藏經》，念《大悲咒》，參加佛七等，但效果甚微。我現在很痛苦，我該怎麼辦？

答：

一個家庭若有一個得自閉症的孩子，其焦慮心情可以理解。但要知道，這個孩子是你自身業力所感，是你內心業力種子的顯現。要令你的孩子變好，首先你要在心性上通過誦經、念佛、做種種功德，將業力種子轉化。你的心性轉化了，你的孩子也會隨之轉化。

是故，你應以慚愧心、懺悔心去念佛。孩子智力低下，你要去印送經書，傳播正法，幫助他人提高智慧。孩子不與人溝通，內心封閉，你要拓開心量，包容一切，關愛那些弱智、貧苦的人羣。孩子雖然有自閉症，但是他的佛性並未減少一點，內心具足一切智慧。要善巧方便引導孩子拜佛、念佛，多讓他欣賞悠揚清淨的佛樂，嘗試着讓他學點繪畫、書法。你要心平氣和地接納這個孩子，並要感謝他，將他作為你修道的一個增上緣。當你以智慧觀照這件事情時，會發現人生負面的東西恰恰就是敦促吾人修道的良機。你要感恩這種機緣，抓住這個機緣，最終念佛求生淨土，超越苦海，圓成佛性。

07 問：我女兒唸高中，每天中午很睏，就是睡不着，我怎樣用佛法幫助她呢？

答：

睡眠是五蓋之一，少睡是心性清明的標誌，是故寺院以敲木魚來警覺修道人，要少睡覺，精勤辦道。然對世間人來說，睡眠狀況良好是養生健康的前提。心念單純的人，常能很快進入睡眠狀況；念想複雜、患得患失者，多被失眠所困擾。由此可勸你女兒對一切世間事常作如夢觀，不必當真，念慮放空，單提一句「南無阿彌陀佛」名號，念清楚，聽清楚，自念自聽，念茲在茲。中午休息時段全用來念佛，無睡意便驀直念，有睡意便順其自然睡片刻。不必為此小事糾結。中午能睡着固然好，睡不着正好或念佛、或看書，悉無妨。離一切相，即一切法。清明在躬，憶佛念佛，從中體認佛法之真義。

08問：弟子一接觸到淨土法門，就歡喜信受，並想方設法介紹給不曾接觸佛法的家屬，但家人對於弟子送的講經書籍和光碟不感興趣，不是拒絕，就是說沒時間看。弟子應該怎樣做呢？

答：

你接觸淨土法門，通過念佛，得到身心上的益處，希望自己的家人也能同信淨土法門，這個用心是良苦的，但要觀察時節因緣，不可輕率而行。一般沒有經過佛教熏習的人，長期以來對宗教都有一種負面的評價，誤會很深，所以你很熱情地送佛書、光碟給他，他不感興趣是可想而知的，礙於情面說自己沒有時間看，背地裏還可能議論你怎麼搞宗教迷信呢！所以不可操之過急，要慢慢引導，先讓他從知識角度來瞭解佛教，不要一上來便信仰修行色彩太濃。因為他們可能認為：我接受佛教信仰會不會有許多限制？如果事業進取心沒有了，在這個競爭的時代去學佛，我的飯碗或許都沒有了。他有很多疑惑，當然會以種種理由拒絕，是故應善巧方便，先以欲勾牽，談學佛對世間的好處，諸如：學佛能令內心清淨、智慧開發、身體健康，學佛可讓我們把事情做得更好。從這方面去誘導一下，這樣慢慢來，萬一家人的機緣沒有到，也就耐心等待。首先求諸己，你自己要好好如法學佛，奉持淨業三福，提升精神品格，提高整體素質。家人看到你通過學佛，各方面都變好了，就會對你所學的佛法產生好感，便會產生也想接觸的念頭。如果你學佛後，仍然煩惱重重，做人都沒有做好，家人就不會聽你的話。人能弘道，非道弘人；只要你真誠學佛，並祈阿彌陀佛慈悲加佑，最終會感化家人一起學佛的。

09 問：佛作為眾生的信仰，到底是一種物質存在，還是一種理念？

答：

佛作為眾生所信仰的對象，可以說是一種物質性的存在，也可以說是一種精神性理念、信息層，這就涉及到佛的三身：法身、報身與應化身了。法身無形無相，隨眾生的機緣，佛以無礙智、種種神通變化讓有緣眾生產生信心，或者住如夢三昧，在夢中示現佛相，或者有種妙香過來，讓你感覺到佛的真實性。所以我們有沒有智慧，就看我們對佛的存在有沒有信心。

佛是甚麼？佛是覺，佛是智慧，吾人自性就具足佛性，具足對法界理和事的智慧把握。通過形態上，我們能夠看到佛像，能夠看到佛經，如果說沒有佛的存在，那三藏十二部經卷是誰說的呀？誰能說得出來呀？而且說得這麼多呀！你問甚麼都能回答你，因為佛是一切智人。當佛在世的時候，頻婆娑羅王請佛在他的國家結夏安居，頻婆娑羅王為了每天給佛提供豐厚供養，如奶酪和醍醐之類，就專門找了幾個養奶牛的專家，待做完三個月的供養，國王就對養牛人說，你們在這裏辛苦供佛三個月，現在結夏安居就要結束了，還不快去問問佛法呀！這四個養牛的人都說「好」。他們在去見佛的途中就商量：大家都說瞿曇是一切智人，我們聽了都覺得很懷疑，他怎麼可能甚麼事情都知道呢？瞿曇生活在王宮，對於四韋陀等典籍很瞭解，對這些問題的回答，我們也判別不了對錯。於是就想到一個辦法，問其他的問題，我們都不專業，我們問自己專業的問題，就問養牛的方法。瞿曇是個太子，從來沒有養過牛，而我們是祖輩養牛的行家，我們就問我們內行的問題。他們到了之後就問佛，用甚麼方法可以令牛羣繁衍得多呢？甚麼方法可以令牛長得膘肥體壯呢？佛就跟他們講了可以使牛羣繁衍得體壯膘肥的十一種方法，這幾個養牛的人一聽，他們祖輩傳下來的只有其中的四到五種，而佛卻說了十一種，最後覺得佛是一切智人。

所以相信佛的存在，相信佛的智慧、慈悲，相信他決定來拯救我們出離苦海，是我們這個時代的眾生思想上非常重要的突破口，突破懷疑，獲得對佛的信心，就得救了。佛法大海，唯信能入，沒有信心你就沒救了。所以你要想成為與佛有緣的人，就從相信阿彌陀佛的存在與願力下手。

10問：面對五欲六塵的干擾和誘惑，念佛同修應從哪些方面痛下功夫方有自在分？

答：

現代社會以市場經濟與科技為主幹，大多數人的價值觀是向功利主義傾斜，追求物質感官的享受，放縱貪欲，為分得較大一塊蛋糕而不擇手段。是故，全球性的道德低落、風尚解體、生態失衡、環境污染，以及地震、火災、海嘯、瘟疫、戰爭等災禍便接踵而至。四川汶川大地震的慘烈，吾人當作深度思惟。因果報應的法則，在這個時代表現得何等直白。埋頭舔刀上蜜的人，謹防刀割其舌。

而對淨業行人來說，在此濁世，宜從厭離心入手，觀照娑婆穢土，眾苦充滿，到處無餘樂，唯聞愁歎聲。觀照一切有為法的苦、空、無常、無我，對此世間作火宅想、牢獄想、糞坑想。對極樂淨土作故鄉想、清涼池想、常樂我淨想。以安養剎土之樂，回觀娑婆世界之苦，厭離心自然深切。以娑婆世界的劇苦，遙觀西方淨土之極樂，欣慕心自會懇切。如病苦之思良藥，如嬰兒之思慈母。有此般若正見，就會令吾人在五欲六塵中，獲得一種抵禦的保護層，如鵝鴨披上羽衣入水，不受水的沾染一樣。

是故修習念佛法門，般若正觀至為重要，尤其是在污染日深的現代，這亦是信願的本質內涵，敬希淨業行人從此痛下功夫。具足厭欣，方能提起彌陀名號如金剛王寶劍，蒙阿彌陀佛願力加持，直透紅塵誘惑之魔網，到達極樂蓮邦。

11 問：我在某寺院做的三皈依，當時人很多，師父用擴音設備帶領大家念三皈依儀軌的時候，有些聽不清，也沒有念全。回家之後，心裏總感覺皈依不圓滿。請問這種情況會不會影響皈依的意義？我在網上搜索皈依詞後，自己重新念誦了一遍，這樣補救有沒有用？

答：

三皈依是一件非常莊重的佛事，是修學佛法的初始前提，故應盡量做到圓滿。一定要聽清楚法師的語言，自己明白無誤地予以回答，方能得三皈依戒體。最核心的是隨師父正授時，須稱自己法名：弟子某某，盡形壽皈依佛，盡形壽皈依法，盡形壽皈依僧。如是三說。如果這三說未能念全或未念清楚，不能得三皈戒體。然在網上自己重念一遍，不甚合宜。因皈依得在現場，由出家眾來授受方如法。補救的方法是再找一個如法的寺院，規範莊重地重受一次三皈依為好。

12 問：有的寺院開通網上皈依，說是為了方便世間人。世間人登錄寺院的網站，填寫個人信息，然後進行網路提交，寺院根據收集到的信息，就可以給人辦理

皈依證。請問這樣如法嗎？

答：

皈依三寶是修學佛法最初且至為重要的一步。初入佛門，故須三皈，加受五戒、八戒、十戒，皆以三皈為得戒而納受戒體。三皈依既有形式上的授受儀軌，亦有心性上的妙用。受皈依時，不僅口中念皈依詞，身體禮拜，心裏還得觀想：說第一遍三皈依文時，由於自己的發心功德，感得十方大地震動，並有功德之雲從十方地面冉冉上升；說第二遍三皈依文時，十方湧起的功德之雲徐徐匯集於自己的頭頂上空，結成華蓋之狀；說第三遍皈依文時，此一雲集的華蓋，即成漏斗之狀，緩緩下注於自己的頂門之內，遍滿於全身，並由身內擴展出去，使自己的身心，隨着功德雲的擴展彌蓋，而充塞於十方世界。於此自己方納受了三皈的戒體。自己的身心也跟戒體的功德一樣，與宇宙同等體量了。

納受三皈戒體，須由已受了皈戒的出家人，師師相傳，不得在佛菩薩像前自誓自受。可見，授受三皈是神聖而莊嚴的事，不可草率行之。從宗教情懷的養成上來說，受戒的儀式愈隆重，愈能激發虔誠之心。以殷重虔誠心求三皈，便容易獲得皈依戒體。是故，見月律師在三皈正範中，列有八個項目：一、敷坐請師；二、開導；三、請聖；四、懺悔；五、受皈；六、發願；七、顯益勸囑；八、迴向。足證其鄭重性。

■〔明〕文台《香象皈依圖》

求受三皈依，是為了了生脫死，圓成佛道。目標高遠，起步亦當鄭重。故宜至一如法寺院，現場求受三皈依為好。至於有的寺院開通網上皈依，是科技時代出現的新現象，方便是方便，然對行人的法益打了折扣，還是回歸傳統為好。

13 問：弟子所在的地區有一個念佛堂，現在流傳着要重新皈依的說法，並要重新皈依阿彌陀佛。弟子知道皈依是皈依佛、法、僧三寶，那麼在釋迦牟尼佛座前

皈依和在阿彌陀佛座前皈依有何不同？

答：

學佛要遵循傳統規矩，不得自立章程。三皈依法是釋迦牟尼佛親自宣說的。皈依佛，狹義地說，是皈依娑婆本師釋迦牟尼佛，廣義地說，是皈依十方三世一切諸佛。又佛佛道同，諸佛所證同一法身，是故皈依釋迦牟尼佛，即是皈依阿彌陀佛。更何況釋尊五時說法，循循勸勉吾人，信願念佛，求生極樂淨土。兩土世尊開「折攝二門」，廣作度化十方眾生離苦得樂之佛事。是故，汝隨順釋迦教敕，天天持念「南無阿彌陀佛」名號，即是念念皈依阿彌陀佛。若能今生成就往生淨土大事，即是真實皈依釋迦、彌陀兩土世尊也。是故，信眾作過三皈依後，老實誦經念佛即可，不必再搞其他名堂。

14 問：皈依佛教後，道教禮拜可以嗎？

答：

皈依了佛教，就意味着確定了精神歸宿與人生價值目標。稟受三皈依時，吾人就莊重承諾：自皈依佛，就不再皈依天魔外道；自皈依法，就不再皈依外道典籍；自皈

■〔明〕郭詡《虎溪三笑》

依僧，就不再皈依外道邪眾。這是我們必須時刻謹記的。確立了這種信仰目標與內涵後，如果作為居士到了道教等其他宗教場所，出於對那些善神、天尊以及世間聖賢的恭敬，予以禮拜問訊也是可以的。這種禮節上的禮敬與內心的信仰皈依是兩回事。當然，出家僧眾對其他宗教的教主聖賢，問訊合掌恭敬即可。

15 問：學佛可以學儒家文化，那麼應當如何看待道家文化？

答：

在中國傳統文化中，儒道釋三家鼎足而立，相輔相成，渾然一體。佛教器識寬廣，包容儒家與道家。三家的宗旨目標有同有別：佛教指向出世間法；儒家側重內聖外王、道德人格的完善；道家有點出世間的格調，「恍兮惚兮，其中有物。窈兮冥兮，其中有精」，類似於非想非非想天的境界。學佛可以涵蓋儒家和道家，但又超越儒家和道家。從這個意義上來說，僧團除了弘揚佛法之外，有必要做些傳承儒道文化的工作。如道家的《文昌帝君陰騭文》、《太上感應篇》，佛教大德也會注重和宣說，清代周安士居士就是用佛教的理念來詮釋《文昌帝君陰騭文》，作得很精到，印祖甚為推崇。

傳承中國文化，佛教要擔大任，一則佛教可以含攝儒道，尤其重要的是道在人弘。佛教還有僧團的載體，而儒士階層自科舉制度廢除後，就不復存在了；道家倒是還有些道觀、道士，但總的來說還是漸趨式微。從這個意義上來說，在中國大陸，佛教寺院僧團要有傳承整體中國文化的使命感和自覺性。

16 問：怎麼憶佛？

答：

憶是回憶、憶念的意思。這是吾人心識內具的能力。我們見聞覺知某個景物，這個景物便在我們的阿賴耶識裏面儲存了一個信息，比如我們曾經到過天安門廣場，現在作意回想一下，天安門廣場的景象就浮現在腦海裏。憶佛是在一切時一切處憶念阿彌陀佛的相好光明，憶念阿彌陀佛的慈悲願力，憶念西方極樂世界的全體光明，憶念六字名號功德。這個憶是我們的內心繫念牽掛境緣，不能忘懷它，就好像雞孵蛋，保持這個暖氣；就好像家裏發生了一件很重大的性命攸關的事情，這時候你在上班工作當中，心裏面自然還牽掛着那件事情。所以我們以至誠懇切的心，一方面念佛，一方面要把憶佛貫穿在我們的日常生活當中，唯此為大。天天憶想着阿彌陀佛的慈悲願力決定能救度我們，自知當往生，心生大歡喜。遇上種種逆緣，他人非理給自己的誣謗，不可生瞋恨發脾氣，應作念想：我都是要往生西方淨土的人了，怎麼能跟他去計較呢？如果污穢貪欲的心上來了，應思惟：我都要去淨土蓮華化生了，怎麼還能有貪欲的心呢？看到貴重財物生起盜心時，應思惟：我都要去西方淨土，那裏金銀七寶具足，我怎麼能去拿人家的東西呢？

念佛憶佛能將阿彌陀佛的功德彰顯在吾人身上，身心柔軟，止惡防非，全攝佛功德為自功德，便能降伏貪瞋痴煩惱，香光莊嚴，是故宜常念佛憶佛。

17 問：如何放下多年來的怨恨心和悔恨心？

答：

怨恨是一種對不如意的人與事所產生的負面情緒。此時，勿怨天，勿責人。應思惟：這些違逆境緣，皆是自己宿世今生業緣所致。若見人歡喜者，得歡喜報；惱害人者，得惱害報。種種皆是本着前世之所為，如影隨形，如響應聲。

所以要心平氣和，作還債想，可千萬不要積聚怨恨，這是很不吉祥的事情啊！且聚積的怨恨遮蓋着我們的佛性，遮掩着我們智慧的光明！這個怨恨一旦像決堤的水沖出來，其力勢足以毀滅對方，同時也毀滅了自己，自他不二嘛！吾人內心如清泠之水，虛明湛潔，一起怨恨，則若投下污穢之物，當即渾濁水之清泠。一念瞋心起，百萬障門開，火燒功德林。此時，要忍住，作還債想，尤其是念佛人，把一切眾生看作自己的父母啊！他曾經作過我父母，我作為子女要孝順他，孝順都來不及，還怎麼敢怨恨他呀！一定要把這個怨恨放下，以慈悲心對待一切，身心祥和。

有一種婦科怪病，中醫叫「夢與鬼交」，其中重要原因之一就是怨恨心大，全身心被恨氣

■〔北魏〕《薩埵太子捨身飼虎》敦煌 254 窟

控制住了，不就是鬼控制住了嗎？如能懺悔、寬恕對方，心地光明磊落，夢中之鬼自然就沒有了。所以悔恨心也要遣除啊！事情過去了就把它放下，過去心不可得，現在心不可得，未來心不可得，世間的一切事情都是在做夢啊！如夢幻泡影，有甚麼可執着的呢？昨晚你做個夢，有老虎在追你，恐懼得驚醒過來，原來是假的，虛驚一場，此刻你還有甚麼悔恨呢！如果有悔恨的話應該是想，既然是做夢，何不在夢中做個人情，就給老虎吃掉好了，正好做一布施功德，樂得做個人情，樂得做個君子，豈不快哉！

18 問：我們佛友都在家中二十四小時播放念佛機、VCD，開播比如《地藏經》的錄像，這樣的動機是為度家人、度無形眾生，這樣可以嗎？

答：

念佛主要是自念自聽，用心去念，念茲在茲。修道就是修心，離開心念，效果大打折扣。念佛機只是助緣，不能成為替代品。因為念佛機是他人的聲音，不是你自己的聲音。有的念佛堂放念佛機聲音甚至比行人的聲音都高，在大的念佛機音響中，有的同修或就不出聲念，正好掩飾自己的懈怠、放逸，如是念佛何能得到法喜？

當然平時播放念佛機讓社會人士和家人聽聽佛號，主要是讓他們種點善根，或對念佛產生信心。然這樣做時，要恆順眾生，不能讓他生煩惱。如果家人要休息的時候，最好不要播放了，他不想聽的時候，任何聲音對他來說都是噪音。現在講以人為本，你得考慮他願不願意接受，接受的時候不失時機地給他，他不接受不可強加給他。所以度家人也要有善巧方便、慈悲心，不是強加於人。你播放講經的錄像帶也是這樣，要想想他願不願意聽。在夜晚休息就寢時，要保持安靜的環境，不可把聲音搞得那麼響，學佛人不應該不顧及他人的心情。首先要懂得尊重對方，你尊重他，他才會尊重你。要與一切眾生結善緣，他對你有好感，有感恩的心，這時才願意接受你講的佛法。緣分沒到，慢慢來，所以晚上睡覺都放 VCD 是不可以的。

至於播放錄像帶度無形眾生的問題，亦無根據。如果你有救濟眾生的慈悲心，應從自身做起，以至誠懇切心，以誦經念佛功德，至心迴向給無形眾生，這樣比播放磁帶、錄像帶更有效果，因為當下至誠一念可通法界。還是應向內心求，不必拘囿於外在的形式。更重要的是念佛先解決自己的生死問題，待往生淨土華開見佛，得無生法忍後，才真正有能力救度一切無形的眾生。至於無人的時候不斷播放講經帶子，或會影響他人休息，亦是萬萬不可的。

19 問：怎樣做到凡事隨緣、隨遇而安？

答：

要做到隨緣安樂，首先要智慧觀照吾人在這一期生命當中，命運的好壞是由宿世的善惡業因所致。今生的吉利福報是由於前世今生修了善，今生的逆境潦倒都是前世今生造惡所致。所以無論是遇到順境還是逆境，都要以平常心對待。遇到逆境，不要怨天尤人，既然是宿世惡業所致，那麼現在發大心，改惡修善，改變命運操之在我；處在順境，也不要欣喜若狂，既然了知福報由宿世善因所致，就應進一步行善積德。命中沒有修善因，求之不可得；命中修了善因，今生的善果卻之不可免。這樣我們對待人生的順逆境，就有一顆平常心。這就隨遇而安、素位而行了：在富貴的時候，就做富貴人所宜的行為；在貧賤的時候，就做貧賤人所宜的行為。而且進一步生起空慧的正見，無論是順境福報與逆境潦倒，最終都是在做夢，無非一個是好夢一個是惡夢而已。無論好夢還是惡夢，本質上都是夢，都是虛幻的，幻化出來的。這樣於諸法空性觀照中，生起修善之行，便可獲得世間與出世間的利益。

20 問：面對這繽紛的世界，如何保持內心清淨？

答：

你首先要看到這繽紛世界的幻相，是肥皂沫，五光十色的，但很快就會消失，無常、苦、空啊！不要被五欲六塵的幻相所迷惑。為甚麼心不清淨呢？這繽紛的世界，無非是財、色、名、食、睡，你認為它真實，就觸動了你的欲望，內心猛烈地貪着，就不清淨了。現在你看穿了它是虛幻之相，不受它誘惑，不留戀、不貪着，這就是智慧觀空。智慧觀空有時候還不是太得力，雖然知道它是空的，但境界一現前，又是很猛利地執着上來了，怎麼辦呢？那就好好念佛，南無阿彌陀佛，南無阿彌陀佛，南無阿彌陀佛，……碰到這些繽紛的世界，你就轉個念頭，不注意它，注意這句佛號——南無阿彌陀佛。這句佛號裏面有無量光、無量智慧，佛號如清淨摩尼寶珠，令吾人內心逐步清淨。伏冀勤勉念佛。

21 問：我感覺學佛和做人處事貴在「真誠」二字，可是怎樣才能算真誠呢？

答：

確實，做人和學佛都要有真誠心，至誠才能感通啊！如果帶着虛偽的心來做人做事，就很難維持長久，遲早被他人發現，自己就一錢不值，人家就不願跟你打交道了，所以真誠是做人與學佛最大的德行。儒家聖賢瞭達眾生虛情假意的劣根性，故所提出的八條目中就有「誠意」一條加以修養。真誠方可參贊天地之化育，不誠無物。

在學佛上面，更應至誠，直心是道場。正直心、質樸心、真誠心才能夠趨近於道，與道相應；而諂曲心、虛偽心都離道甚遠。挾帶虛假心修行一輩子，也終歸是「泥牛入海無消息」。尤其是淨土法門，是靠感應道交得佛力加持帶業往生的，如果你這一念求往生的心不真誠，就不能感通佛力。阿彌陀佛的法身遍一切處，願力是真誠心流現出來的，我們也得要用真誠心去感通，所以我們一定要真誠。

但這個又很難哪！我們眾生的阿賴耶識裏面，虛假的種子太多了，有時候不經意的就會打妄語，就有自欺欺人的傾向，所以這就要對治自己的煩惱。不妄語，要把這個真誠的德行作為目的價值，而不是以工具價值去對待。比如現代國人講道德，常常是把道德作為工具、手段去講，你真誠，就能得到甚麼利益，這對於教化中下根的人，作方便勸導是可以的。但對「真誠」的目的價值，也得高揚出來，無論得不得到利益，你都要真誠，真誠有超越利益的目的價值。淨業行人在世間，得樹立真誠的風範，哪怕吃虧上當也要真誠，不打妄語。至誠就能感通。吃虧上當一輩子，最後往生到西方極樂世界，就撿了一個大便宜了。

22 問：現在社會上大多數人心裏都很空虛，尤其是大學生們，這是甚麼原因造成的？應該怎麼解決？

答：

現代人大多內心很空虛，尤其是大學生們的迷茫，其形成之因與解救之方，這兩大問題非片言隻語所能說清。這裏涉及到社會的、政治的、文化的、心理的、宗教的諸多因素。冰凍三尺，非一日之寒，兩大問題其由來也漸，療治亦頗棘手。然此問題關係着個體的休咎、民族的興衰。於此不妨從佛教文化理念的視角，略標一二。

原因是多方面的，然一個不可迴避的原因是現代中國人迷失了深層心性的依託（或謂安心立命之所），所謂背覺合塵，在感官物質的迷宮裏，受着與生俱來的盲目力量（貪欲）的驅使，加速度地追逐五欲（財色名食睡）的最大化享樂。然五欲的享受是暫時的，是無常的，是會樂極生悲的。更何況在競爭激烈的現代，要獲得五欲的滿足，是非常不容易的，甚至不得不採取非道德的手段，所謂「人在江湖，身不由己」。在這種生存狀態中，道德的觀念，精神的價值，審美的好樂，對生命意義的探索，就如天邊的殘陽餘暉那樣遙遠、疏離。一顆每日搏跳的心都繫在名利二字上，你聽那鬧市中匆忙的腳步聲、吆喝聲；你看那一張張繃緊的、時刻準備角逐的臉龐；你注意一下，人際交往中那審視的、警覺的眼光……

現代人的行為與生活方式，為的是甚麼呢？人畢竟是萬物之靈，靜夜思之，每常叩問，這難道就是我們追求的幸福嗎？高物質消費，高技術的便捷與享樂，畢竟不能彌補心靈的空虛，反而形成一個悖論：追逐外境的程度越高，迷失內心世界的程度就越深，所謂「嗜欲深者天機淺」。由是，現代人生活在以市場經濟與科技文明為主幹的社會裏，內心的空虛與迷茫亦屬難免，尤其是大學生們，作為一個思維敏鋭的團體，不期然地凸顯出這種社會形態：傳統與現代、東方與西方、理性與情感、理想與現實等等的矛盾聚焦在大學生那激情有餘、理性底蘊欠缺的身心上，那種迷茫、失落、求索、掙扎、憧憬等交織的複雜心緒，是難以言表的。

拯救之路究竟在何方？從哪裏跌倒，便從哪裏爬起。吾人從迷失心性始，追逐外境，遭受諸苦，現今一念回光，回歸自性本源，獲得安心立命之所。從體起用，以出世的精神從事入世的事業，方能獲得幸福美滿的人生，方能煥發生命的華彩。在這裏，要深刻地瞭知這樁事情（此事由世尊金口所說）：在法界中，有一位慈悲超逾父母的阿彌陀佛，十劫以來，都在慈悲關顧着我們，隨時給予救助，令我們在一切厄難痛苦中，獲得大安心、大安樂（一切恐懼，為作大安，此乃彌陀因地之大願）。只要我等至誠歸投阿彌陀佛，一切身心的苦惱都會得到圓滿的解決。我等奉行淨業三福，世界也會變得祥和美好。深信切願，持念阿彌陀佛萬德洪名，求生安養樂邦，即是無與倫比的良方，願與有緣同仁共勉。

23 問：有些民眾被義工邀請，半推半就去給慈善團體捐款，使他們生起煩惱，甚至反感。義工們無形中是否在造惡業？

答：

義工本着慈善心，勸他人捐助慈善團體，不算造惡業，但要注意方法，要讓眾生以歡喜心做公益事業。慳貪是眾生的通病，所以菩薩六度中，把布施列為第一，布施度慳貪。慳是對自己的財物不肯助人，貪是對不屬於自己的財物妄欲佔有。慳貪令吾人心胸狹隘，強化我執，造作諸種不善業，精神品質無法提升，且受生貧賤。是故，佛教用布施一法度脫這一厚重煩惑，令眾生在財施、法施、無畏施中，開啟自性寶藏，並得富貴果報。

《大智度論》記載，有一個窮畫師，在國外做畫匠，工作了十二年，得到三十兩銀子的薪金，回家過年。在路上，聽到打鼓做大會聲，見到眾僧威儀整肅，畫師生起歡喜供養心，他就到這個僧團問維那師說：「我要供一天齋，需要多少錢？」維那師說：「這需要三十兩銀子。」他就把十二年的工錢全拿出來供齋。正好供齋一天，供完齋他很歡喜地回家了。剛坐定，其妻子便問：「你這次在外面這

■〔清〕惲壽平《出水芙蓉》

麼長時間賺了多少錢呀？」回答：「賺了三十兩銀子。」問：「那你把三十兩拿出來吧！」答：「那些銀子已被我種到福田裏去了。」其妻問：「種在甚麼福田裏？」畫師如實回答全部供齋了。他的妻子聽了勃然大怒，十二年的工錢放着妻子兒女不養，全給別人了，那你肯定精神有問題啊！於是就拿繩子將畫師綁起來送到官府去處罰。窮畫師向官員招供：「我今生這麼貧窮，就是多生多劫沒有布施啊！正好碰到這個僧團福田，就趕緊做布施功德。」正好這個官員是一個優婆塞，聽得很受感動，貧窮布施難啊！將十二年微薄的薪金布施出來，難能可貴。官員便給窮畫師解除綁繩，將自己身上佩帶的瓔珞和上好衣服贈給畫師，並且還將一匹好馬與一個莊園贈送給他。窮畫師的布施果報是上天堂，雖還未得，但花報就已當下現前了。

所以我們自己勸眾生在敬田與悲田做布施功德，是值得提倡的事。對此，義工需要觀機，要講布施的功德，講述清楚，並以身作則。一旦對方反感，說明機緣未到，便不必勉強，以隨分隨力隨緣為好。

24 問：學佛人如果想依教奉行，把念佛排在第一位而無暇參與義工所從事的各項慈善活動。我們應該如何在工作之餘，妥善處理好做義工與念佛修行的關係？做義工是不是只在修福報，沒有功德？

答：

淨業行人是要福慧雙修的。做義工通過布施自己的時間、體力、經驗、智慧來利益大眾，是積累福德的良佳方式。做義工發心純正，不求回報，三輪體空，那做義工不僅是有為的福德，也是無為的功德。你以無為的心去做義工，有為的福德就當下變成無為的功德，也是我們增上往生品位的資糧。但要注意「以念佛為主，做義工為輔」的原則，不可以「做義工修福德，無暇念佛」為藉口，荒廢念佛正行，至少要保持一天一萬聲佛號的數量。世間人一般比較注重修持有為的福德，而對無為之道感覺漠然。

曾經有居士問我：「假設有兩個人，一個人常常做義工辦慈善事業，做了很多利益社會的事；另外一個人一天到晚不幹事，就在家裏念佛，那麼這兩種人誰更能往生？」當他提出這個問題，就有一定的傾向性，一般人對前者比較看重，而實際上後一種人更能往生。因為老實念佛是一切善行中之至善。執持名號，具足六度萬行（蓮祖、蕅祖均有類似開示）。在以念佛為主的前提之下，要盡心盡力地去做好服務眾生的義工，在做義工過程中貫穿念佛，並把做義工的福德迴向法界眾生，共同往生西方極樂世界。這樣，念佛與做義工便相輔相成了。

25 問：在誦經時，讀錯讀漏字是否要背因果？

答：

讀誦佛經，一定得至誠恭敬，如是方可消業障、開智慧。如果漫不經心，甚或污手、翹腿等不敬，不唯難獲利益，而其褻慢之罪，有不堪設想者也。是故，誦經前，宜將經文的生字查找認熟，然後，寧靜片刻，徐徐讀誦，念茲在茲，心無旁騖。如是誦經，庶可獲致法益。

如出現讀錯漏字的現象，誦經的功德就會大打折扣。茲有一則公案為證：明代抗倭名將戚繼光，也是佛門弟子，軍務之餘誦經。有個陣亡的士兵托夢戚繼光將軍，告知明天當遣他妻子前來拜見，請求將軍誦一卷《金剛經》為他超度。第二天，果然其妻悲泣前來懇請戚繼光將軍，戚繼光慈許。次日早晨，為陣亡士兵誦《金剛經》。在誦經過程中，家裏丫鬟給戚將軍送來茶餅，戚將軍見後揮手，示意拿回去，便繼續誦完了經。當天夜裏，夢見那位士兵說：「戚將軍念的《金剛

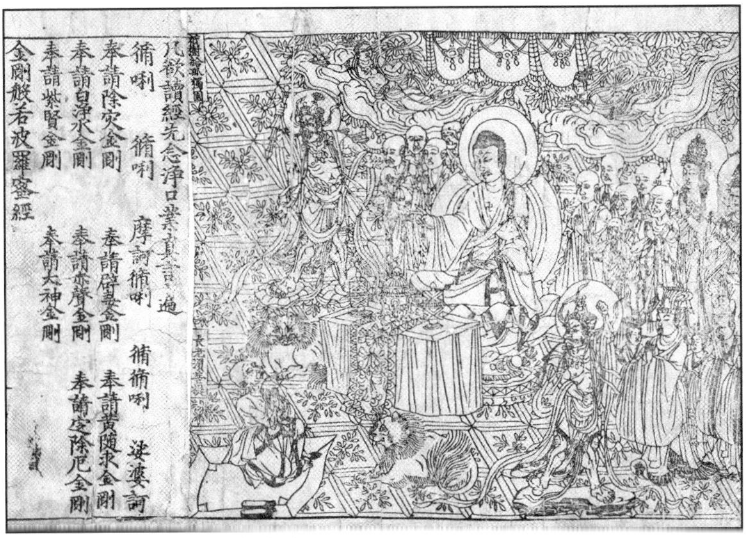

■〔唐〕《金剛經》敦煌出土

經》多了兩個字『不用』，功德不圓滿，所以沒能超度出去。」戚繼光追憶，怎麼會多念「不用」兩字呢？哦，原來是向丫鬟擺手，意地中有「不用」的意思，便混入經中了。於是第二天早晨，戚繼光再次誦《金剛經》，把門關嚴，交代一切人等不准干擾，便至誠地誦完《金剛經》。至夜，又夢見那位士兵前來道謝，說其已從冥府超度投生善道了。可見誦經不可掉以輕心，動心起念，幽冥俱通。如是因如是果，可不慎哉！

26 問：有些人說修學佛法，沒有傳承不能成就。請問修學淨土是否也需傳承？如何成就？

答：

修學佛法，沒有傳承不能成就，這個觀點原則上是對的。吾人目前所修的無論何種行法，都是傳承釋迦本師遺教，依照教理行果而修持的。具體說到傳承在各宗派的表現方式，卻是多樣化的，有的注意形式的傳承（如衣缽等），有的傾重精神的傳承，有的注重代際相接，有的只是跨時空的心靈默應。佛法是圓活的，不可以一概全。

譬如淨土宗的傳承，更多地側重在跨時空的精神傳承。龍樹菩薩作為古印度大乘佛教的集大成者，傳承釋迦本師淨土之教，將通途教法與淨土念佛法門判為難行道與易行道，處處指讚西方淨土。曇鸞大師以其靈慧宿根，感通龍樹菩薩的淨宗精神，並以此為立論依據，注釋天親菩薩的《往生論》，直將天親衷懷、佛心悲願和盤托出。曇鸞大師虔敬禮奉龍樹菩薩為本尊，臨命終時得龍樹菩薩夢示往生時辰。非常之人得非常之傳承，亦是淨土教史之佳話。

善導大師作為中國淨土教之集大成者，其傳承亦堪稱奇妙。善導大師發願注釋《觀經》要義，楷定古今。每日誦《阿彌陀經》三遍，念阿彌陀佛三萬遍。每寢夢中，常有一僧前來指授《觀經》玄義，注釋完畢更不復見此僧。夢中之僧或是阿彌陀佛化現，可知《觀經四帖疏》直接傳承佛意，吾人當尊如經法。

淨宗四祖法照大師於五台山大聖竹林寺，得文殊、普賢二菩薩之淨土傳承。淨宗五祖少康大師在洛陽白馬寺，感善導大師《西方化導文》放光，又在長安善導影堂，感善導大師影像升空之開示，洵為二祖向五祖之隔代傳法。

永明延壽大師宗門開悟，為法眼宗第三代祖師，然亦於佛前虔敬拈抓鬮，抉擇法門，七次並得淨土鬮，萬善同歸極樂。其《禪淨四料簡》允為大藏之綱宗，修行之龜鑑。淨宗七祖省常大師繼踵慧遠大師結社念佛之芳蹤，結淨行社，引導公卿顯貴念佛求生安養。淨宗十二祖徹悟大師參禪開悟後，繼思念佛一門，文殊、普賢等諸大菩薩，馬鳴、龍樹等諸大祖師，智者、永明、楚石、蓮池等諸大善知識，皆悉歸心，我何人斯，敢不歸命？由此專修專弘念佛法門。

淨宗十三祖印光大師「稟善導專修之旨，闡永明《料簡》之微，中正似蓮池，善巧如雲谷，憲章靈峰（蕅益大師），步武資福（徹悟大師）」（周孟由居士語），其淨土傳承至純且正。足證中國淨宗十三祖以至誠心，或得佛菩薩冥顯加持，或感上代祖師之靈應，其上契古印淨宗聖言量之理則，下應震旦國人之根機，卻是一脈相承的。

是故我等眾生只要如實遵從淨土五經一論之聖言量與中國淨宗祖師的思想，即是得到了淨土宗純正的傳承。然後深信切願，執持南無阿彌陀佛六字洪名，以阿彌陀佛為本尊、為大導師，決定能蒙阿彌陀佛願力加持，帶業橫超三界，往生極樂，疾速成佛。願以此信慧正見，用作淨業修持之指南。不可被異解、異見、別行所左右，徒興歧路亡羊之浩嘆！

27 問：我的佛堂除了供有西方三聖外，還有藥師佛和地藏菩薩等，早晚功課，只拜西方三聖和釋迦牟尼佛，還有十方三世常住三寶和清淨大海眾菩薩，不再另拜藥師佛和地藏菩薩可以嗎？

答：

你既然佛堂已經供了藥師佛和地藏菩薩，就用那種平等的廣大心去禮拜。你這一禮拜，所供的佛菩薩都拜到了，不一定要分別我這一拜只是拜阿彌陀佛，那一拜只是拜藥師佛。《華嚴》十玄門中有一個主伴圓融具德門，當我們標心拜某一尊佛的時候，這尊佛就為主，其他的一些佛菩薩就為伴，為主的佛也就具足為伴的佛菩薩的功德，圓融無礙。是故我們拜一尊佛就等於拜所有的佛，這是圓頓的義理，不要以凡夫的知見心生分別。所以你拜西方三聖就等於拜十方三世一切諸佛，也包含着藥師佛和地藏菩薩。

藥師佛乃東方琉璃光如來，藥師佛針對苦難的眾生，尤其是被身心疾病所困惱的眾生所發的十二大悲願，同時與西方淨土也有極深的因緣。《藥師經》裏面講到，如果有讀誦藥師經典以及稱念藥師如來名號的眾生，他還有求往生西方極樂世界的願望，那麼藥師佛都會滿足他的願，臨命終時會派遣八位菩薩護送他往生到西方極樂世界。在所派遣的菩薩裏面有觀世音菩薩和大勢至菩薩，可見阿彌陀佛的二大脅士同時也是藥師佛的眷屬。諸佛境界不可思議。《無量壽經》云，西方淨土蓮華放光，光中顯出無量的諸佛，到他方世界安立眾生住於無上正真之道。這光中化佛裏面有釋迦牟尼佛，藥師如來又何嘗不是從西方極樂世界過來的呢！所以我們在這個終極層面去瞭解的話，放心禮拜阿彌陀佛，禮拜西方三聖，就等於禮拜了一切佛菩薩。

28 問：您能否從佛教的角度對我們當代大學生，就如何淨化心靈，克制物欲、私欲，排解各類煩惱，提出幾點建議？

答：

當代大學生出生、成長在中國改革開放時期，具有濃郁的現代意識，思想活躍敏銳，求知欲強，刻苦耐勞，有許多良好的品性。然而生長在這個市場與科技為主幹的現代社會，面臨着越來越強的競爭壓力，內心的焦慮、迷茫以及程度不同的失落也嚴重存在，大學生心理障礙乃至自殺事件呈上升趨勢。所以當代大學生以佛法來調適心理、健全人格，甚為必需。茲略述四點，聊備當代大學生參考：

一、相信因果報應。一個人命運的窮通貴賤，不是偶然的，中間貫穿着善惡對應回報的因果鏈。布施得財富報，放生得健康長壽報，瞋恚得相貌醜陋報等等，所以對自己的命運要有正確的觀念。命中沒有福祿，費盡心機也得不到；命中有的好處，你不想要也不行，這叫「求之不可得，卻之不可免」。這樣觀人生便會達觀，逆來順受即是知天，進德修業始名立命。存好心，說好話，做好事，命運便會向好的方面轉化。

二、對世間現象要有空慧的正見。了知世間一切都是緣生法，並無實體，緣聚則有，緣散即空，如夢如幻。由業力感召的世相，多有逼惱。如是吾人處世，隨緣任運，素富貴行乎富貴，素貧賤行乎貧賤，無適無莫，則無往而不受益。

三、由智慧生起積極的人生態度，完善自己，服務社會。要使自己成為一個對社會有用的人才，得全方位提升自己的道德與智慧素質，以儒家仁、義、禮、智、信五常作為自己做人的準則，力行孝、悌、忠、信、禮、義、廉、恥之八德。在現行教育體制下，注重自我教育，要有特立獨行的精神。對物欲、私欲要理性化，不可膨脹，淡然處之，心平氣和，反而能獲得應得的需求。君子樂得做君子，小人冤枉做小人，我們何不做一個君子呢？樂天知命，少欲知足，又能夠面對社會積極進取，使自己成為服務社會的優秀人才。

四、信願念佛，求生淨土。吾人幾十年生命，亦是一項投資，宜投到有價值、收益豐厚的項目上。如是思惟，念佛求生淨土乃最佳選擇。念佛能令我們獲得安心立命的精神家園，能令身心康樂、智慧開發、事業順遂。臨命終時，因念佛故，蒙阿彌陀佛願力加持，往生安樂淨土，永脫輪迴之苦，速成佛果，人生一大事因緣於斯慶成。願當代大學生於此深加屬意。

29 問：我是一名本科應屆畢業生，最近一年來，看到身邊很多同學考研究所成績優秀，拿獎學金，卻在複試面試時失敗，也有的同學找工作面試失敗。這其中有甚麼因果關聯？是不是應該在平時多修些福德，增大成功的把握？

答：一個人功名事業的成功與否，確實是有因果的。勤奮努力、考試成績優秀是一方面，但如果你多生多劫或今生沒有種足夠的福因，自然地就難以得到福報之果。諸如很多人創業，有的人成功，有的人折羽，且失敗者佔多數。這不是僅僅靠勤勞刻苦就能成功的，須知財富是從布施中來，功名從祖先積陰德及自己厚德中來。

明瞭這裏面的因果關係，就應當注重積累福報。多做義工服務大眾，對窮苦無靠的人，隨分隨力地予以幫助。另外，要以古聖先賢的經典熏習內心，加強道德修養。五常（仁義禮智信）、八德（孝悌忠信禮義廉恥），要落實在自己的行為上。這樣，變化氣質，溫文儒雅，善解人意，克己奉獻，自然會令面試者心生歡喜，讓你如願以償。否則，便會屢屢嚐到失敗的苦果。

■〔清〕溥儒《四時山水之一》

30 問：某法師說，佛教不是宗教，是佛陀的教育。您如何理解？

答：

回答這一問題之前，先要弄清何為宗教，何為教育。在佛教看來，宗教二字是分開詮釋的：佛陀為適應教化對象而說的教法稱為教，教法所出之源稱為宗。永明大師云，「舉一心為宗」，故佛教常稱宗門教下。宗門指傳佛心印、教外別傳之禪門；教門指依大小乘之經論等言教而立的教宗，諸如天台宗、三論宗、法相宗、華嚴宗等。故知宗教一詞涵蓋着一代時教全體的義蘊。

自西方學術思想東傳之後，一般將佛教所習用的「宗教」一詞作為英文 religion 的譯語，表達對超自然事物的畏怖與不安，並進而專指團體性與組織性信仰、教義、禮儀之體系，其中分為多神教、一神教、泛神論等。如是考辨，作為佛教徒宜從宗教原有的義理來理解、接納。釋尊以大悲願力示現娑婆八相成道，一代時教之終極目標，無非令吾輩浪子就路還家，永脫輪迴，悉成佛果。這是佛教之所以成為宗教的本質內涵。而教育一詞，廣義來說，是指以影響人的身心發展為直接目的的社會活動，狹義是指由專職人員和專職機構進行的學校教育。從這個意義上說，教育更多屬於世間法的範疇。那麼，佛教有着世間道德教育的內容，然更多的是指向生命的終極關懷，即「開示悟入佛之知見」出世間的本懷。所以不能將佛教的宗教內蘊與世間教育等量齊觀。佛教是一門崇高而聖潔的宗教，提升生命，完善道德，了生脫死，超凡入聖。吾人能聞信佛教，當生稀有難遭之想，而那類將宗教視為迷信者，是不足與語的。冀諸同仁明辨之。

31 問：今生有幸聞佛正法，遇善知識，發大菩提心，依法修行，信念堅定。我想生生世世都能聞佛正法，遇善知識，不忘失菩提心。怎樣才能生生世世都不墮落？是否要證菩薩果位？

答：

古語云：「人身難得，佛法難聞，淨土難信。」今生已經聞到佛法，尤其聞到念佛往生一法，我們的標心就是往生西方極樂世界，不再有在這個世間的所謂生生世世之事。如果今生不能往生淨土，下一輩子保持人身都難。得到人身要持好戒殺、盜、淫、妄、酒五戒，這五戒相當於儒家的仁、義、禮、智、信五常。試問這五戒、五常我們能做到多少呢？做得有欠缺，那就保不住人身，誠如佛所懸記，得人身者如爪上土，失人身者如大地土。

■〔明〕清水陸《釋迦牟尼佛像》

因為得人身要靠自己的善業力，所以很難；而往生淨土則是靠阿彌陀佛願力加持而成就的，所以轉生保住人身比往生淨土難。是故印祖開示：「修淨土人，斷斷不可求來生人天福樂，及來生出家為僧等。若有絲毫求來生心，便非真信切願，便與彌陀誓願間隔，不能感應道交，蒙佛接引矣。」唯有成就往生淨土，才能入不退轉位，然後以神通妙用，分身他方世界，上求佛道，下化眾生，很快圓滿普賢十大願王，快速圓成大乘的佛果。這樣一生圓成佛果，才是一了百了之智舉。

32 問：六道輪迴、因果觀念是道德建設的必要前提，那麼這僅僅是理論假設，還是真有其事？聖人為甚麼要以神道設教呢？

答：

善惡因果報應與六道輪迴，不僅僅是道德理論的一種懸設，而是實存的事實，由五眼圓明的佛陀所現量親證，親見眾生在過去、現在、未來三世廣闊的時間當中，由其善惡業的這種業（karma）的力量導致種種錯綜複雜的生命表相。我等凡夫心量狹劣，慧眼未開，不得而知。佛以悲愍心將這一善惡輪迴之事和盤托出，令眾生心生敬畏，止惡修善。我們由佛慈悲宣說，方知如何走上光明、走上解脫、走上自在。由此，我們戒慎惕勵，戰戰兢兢，如臨深淵，如履薄冰，制伏煩惱，開顯佛性。由於深信輪迴善惡法則，懲惡勸善才有堅實的依據，眾生由此才能自律慎獨，個人獲福，社會由之祥和安穩。所以六道輪迴與善惡因果報應，乃道德理論的兩塊不可或缺的基石。

神道設教不僅是佛教聖人，而且也是儒道兩家聖人教化眾生之大權。神道設教的理論依據來自《周易》。神是神妙莫測、不可思議之義。世出世間一切神妙不可思議者不出心性之外，所以神道即是本心，是誠明，是仁心，是佛性。從神妙佛心中流出的教法，即是神道設教。天以春夏秋冬四時更迭不亂作為神道，惠及蒼生；聖人以本性內具的仁義忠恕為神道，教化民眾。平實事相中都蘊含着神妙的理體。孟子說的惻隱之心、羞惡之心、辭讓之心、是非之心，是深植在每個眾生內心，不是由外面施加的，是本有的德能。故云「萬物皆備於我」，一切悉皆具足在心性中，因而「反身而誠」，迴光返照契入真誠的內心，便「樂莫大焉」，就能得到無與倫比的快樂。這就是顏回之所以「一簞食，一瓢飲，在陋巷，人不堪其憂，回也不改其樂」的奧祕所在。顏回那麼貧窮，然而淡然安樂，這是自性的快樂，非五欲感官之樂所能比肩。

一個人念佛安住在六字佛號中，便能獲得身心柔軟的法性樂，沐浴在彌陀光明照攝中，法喜充滿。念佛法門舉體是不可思議的佛果境界。釋迦牟尼佛在娑婆穢土，宣說念佛往生淨土一法，用種種善巧方便，令我等眾生生信發願，老實持名，亦是聖人以神道設教成功之一例。神道設教的理論依據乃是感應，法界中至深邃廣大的方面即是感應原理。唯信能入，唯行能證。願共勉之。

33 問：《四十二章經》中佛說二十難中有富貴學道難。佛本身是大富貴者，其弟子中也有出身王族者，佛為甚麼這樣說呢？

答：

佛說富貴學道難，是觀察眾生的根機加以述說的。何以富貴學道難呢？一個人今生能得到富貴，也是他的宿世行善積德的異熟果。而享受種種五欲六塵快樂時，迷惑造業者多；財、色、名、食、睡的種種誘惑，令他享樂唯恐不及，很難產生向道修行之心。在南閻浮提，是需要八苦的激勵的，苦難的逼迫，才能令人產生厭苦之心，踏上修行的道路。如果沉溺於富貴的意樂，是很難產生超越意向的，這就是儒家講的「生於憂患，死於安樂」。人在痛苦當中，往往能超拔，而處身於安樂富貴之鄉，如老象溺泥，大多會沉淪法身慧命。

佛貴為太子，不是一般凡夫，乃是乘願再來，示現八相成道的古佛，是故佛不會迷惑顛倒。然在佛的示現中，色界天人常來警誡太子不要沉溺五欲，令太子在四個城門見到生老病死及沙門修道相狀，幫助太子夜半逾城出家修道。釋尊作為大富貴者能夠在富貴當中感覺到生命本體上苦、空、無常、無我，所以他能夠超拔出來。在佛的比丘弟子中，有很多釋迦族的王子與貴族，他們是受佛陀德望的感召，毅然決然而出家的，其宿世善根亦是非常深厚的，有些是大權示現的菩薩，助佛弘化的，是故他們在釋尊座下很快就能證到聖果。所以富貴學道難是此土一般眾生的情形概述，然而佛與弟子有其特殊的因緣。所以吾人如出身於富貴之中，應觀照生命本體性苦難，激發學道之心。持戒念佛，求生淨土，乃一切富貴者之光明坦途。

34 問：我皈依三寶已經十多年了，事事不如意，倒楣透了，常想這是逆增上緣，可是我的處境常讓我對念佛感到灰心，請開示。

答：

首先我們要弄清楚，皈依三寶、持戒念佛的目的，是圓成本具的正覺佛性，並不是為了人天福報。妄想一皈依學佛，就得錢比別人賺得多，官比別人當得大，身體比別人健康等，用這些來證明學佛的成效，這個觀念是有偏頗的。固然學佛為了出世間的解脫，也是能獲得世間利益的。然眾生業力不可思議，因果錯綜複雜，所以不可平面線性地看待此事。

對淨業行人來說，對世間順逆等事，應作如理的觀照。世間無論遭遇倒楣的逆境還是成功的順境，都屬夢幻泡影，最終都是一場空。念佛行人宜應隨高隨低隨緣而過，順境感恩阿彌陀佛，逆境同樣感恩阿彌陀佛，因為逆增上緣更能增加我們的道心。這個世間眾苦充滿，三界火宅，冤家對頭常常碰面，苦不堪言，趕緊出離。生於憂患，死於安樂呀！不如意的事情會成就出離心；如果天天都很順利，日日都過得舒舒服服，就感覺到這個世間滿不錯的，這個世界就是極樂世界呀！何必求往生呢？死於安樂，我們念佛行人對苦難要有一種敏銳的感受，即使在所謂成功快樂中，也要看到其本質上苦空無常。由是對現世的福報不必過於貪戀，應利益眾生，惜福培福，這樣便不至於在福報中迷惑顛倒。而人往往在順境中容易驕逸造業，在憂患中或能令我們生起一種出離心，從三界苦域中超拔出來。

關於這點，心理學有個實驗：將青蛙放進沸騰的鍋中，這隻青蛙會嘣地一下跳出來，僥倖逃一命；如果把這隻青蛙放在涼水裏面，慢慢地加熱，直至沸騰高溫，那麼這隻青蛙在這過程中出不來，會被煮死。所以修行人以八苦為師，成就菩提，斯言不虛。願仁者遇到不如意事，不要怨天尤人，應逆來順受，修德進業，以慚愧心念佛，懺悔業障，如是便是轉化逆境之良方，進而心地光明，靜定安樂，念佛法喜洋溢，方為真正的淨業行人。

35 問：末學三十一歲，本來想在家裏好好學佛，同時盡贍養父母的義務，可末學業障深重，一旦稍微精進念佛就會得大病，學佛五年來已經得了兩場大病了，

小病很多，差點家破人亡。只要我停止精進一段時間，病就會好了。對此，我該怎麼辦？

答：

生在這個時代的眾生，都是屬於業障重、煩惱深一類。深知業障煩惱深厚，所以吾人更應懇切念佛，念佛才能消除業障，業障輕薄，身體才會健康。精進念佛中間出現的任何情況，悉有正面效應。你的病灶透過念佛給它逼出來了，表面化了，這是好現象。此時更宜加功用道，多服六字洪名阿伽陀藥，自然身心康泰。

36問：請介紹一下印祖往生後淨宗的傳承與發展。

答：

印光大師是近代中興淨土宗的一位了不起的祖師。晚清以後，隨着國運的衰微，佛教也呈凋零之頹勢。印光大師生於亂世，悲願廣大，挽狂瀾於既倒，高揚儒佛共弘之幢，其一生所倡導的「敦倫盡分，閑邪存誠，諸惡莫作，眾善奉行；真為生死，發菩提心，以深信願，持佛名號」八句，乃概述了中國淨土宗傳承的宗旨，為淨土宗在現代的生存發展貢獻極大。道盛德隆，被四眾弟子推尊為淨宗第十三祖，名實相符。

■〔近代〕蓮宗十三祖印光大師

印祖往生之後，淨土宗保持着良性發展的勢頭，這主要得歸功於印祖的《文鈔》，作眾生無明長夜中的智慧火炬，文字般若感人至深。所以印祖往生之後，淨土宗持戒念佛、矢志淨土之宗風不墜。依據《文鈔》修行，往生淨土者不勝枚舉。建國以後，中國大陸曾一度受「左」的思想波及，整個佛教受到摧殘，淨土宗也不例外。改革開放以後，宗教信仰自由政策得以落實，寺院叢林得以恢復，僧俗二眾修行念佛法門者佔的比例最大，淨宗法門的羣眾基礎最廣。

從目前中國大陸的佛教現狀以及信眾的根機來看，走印祖指歸的弘法路子，上契諸佛本懷，下應現代眾生之機，即在世間法中弘揚儒家思想文化，在出世間法方面獨標念佛往生淨土一法。我等淨業行人要有自知之明，不要妄想做甚麼大通家，也不要這山望到那山高，宜摒棄傲慢，老實念佛。在這末法之秋，以我等通身業力之資質，捨彌陀大悲願力，決定難得解脫。印祖往生前婆心開示：「念佛法門，別無奇特，但要懇切至誠，無不蒙佛接引，帶業往生。」吾等淨業行人當依教奉行，守住淨宗平實的家風，作印祖的私淑弟子，自行化他，便能在此濁世傳承光大念佛法門。印祖在極樂世界實報莊嚴土亦會含笑加持我等行人。伏冀勉旃！

37 問：如何理解「直心是道場」中的「直心」？

答：

直心就是正直心、真誠心。而凡夫眾生大多是彎曲的心、偽詐的心，在我執和利益的驅使下，充滿機心用事，由此導致人格的瓦解，人際的緊張摩擦，種種煩惱，是故儒佛聖人悉皆教化眾生要具真誠心。誠者，天之道也；誠之者，人之道也。

《大學》中所述內聖外王之學：格物、致知、誠意、正心等，你能夠誠意、正心，就是直心。首先從格物（格除不合理的物欲）入手，由此獲得內在的智慧，這樣意念才會真誠，心才會正直。如果私欲重，人我分別心強，那必定意不誠、心不正，由此就遮蓋了他本有的佛性和智慧。唯有真誠心、正直心才能最大限度地把如來藏的德性開發出來。《觀經》開示往生淨土的條件，圓發三心，即得往生，即至誠心、深心、迴向發願心。至誠心就是正直心，一切修道人必須要有正直心。但是吾人想靠自己的力量很難做到正直，比如與生俱來說假話的習氣，在阿賴耶識中累積諸多種子，隨時不經意地又打妄語，在道理上也知道不對，然境界現前，又故態復萌。所以還是要好好念佛，眾生的心是彎曲的，而佛號是阿彌陀佛正直心的外顯，念佛的時候，這彎曲的心才隨順佛號的正直而正直。就好像蛇性彎曲，要讓牠自己直很難，然蛇進入竹筒子就不得不直。故云：「佛號投於亂心，亂心不得不佛。」所以我們要在懇切念佛上獲得正直心，又以正直心去念佛，二者形成良性互動。

38 問：印祖在一篇文鈔中這樣開示：「儻有餘力，諸大乘經，不妨隨意受持讀誦，當以志心受持為本，且勿急欲洞徹其義理為事也。果能志誠之極，教理自會透徹。若先欲透徹，不從志誠持誦做，即透徹亦無實益，況決難透徹乎？」其中一句「果能志誠之極，教理自會透徹」，請問法師，這是印祖的方便說，還是只要志誠了，教理就會透徹？請慈悲開示。

答：

印祖的很多開示都是很精妙的，是經驗之談，我們宜依教奉行。佛經不可等同於世間的學問，不能只靠我們的邏輯思維（即所謂的心意識）去研究。因為佛經是從實相般若所引發的文字般若，文字般若引發吾人的觀照般若，令行人契證實相般若，這些都要用至誠懇切心方可契入。以空印空，似水投水，感應道交，妙德難思。如果用生滅心去揣度佛經文句，就會越推越遠，可謂白雲萬里。「果能志誠之極，教理自會透徹」這句話中的「果能志誠之極」，這對一般人來說是很難做到的，但又確實是我們要趨向的一個目標。學佛就是要至誠恭敬、到達至誠之極的境界，那樣對佛法的教理就會自然明瞭，如屋裏人道屋裏話，十分親切。

那麼如何契入至誠境界呢？就需要從截斷分別意識開始。我們或抄經、或讀經、或受持，這些都是契入到至誠境界的一些方法。就像智者大師行法華三昧，讀誦《法華經．藥王菩薩本事品》，心緣藥王菩薩捨身之苦行，至「是真精進」句，儼然入定，見共慧思禪師同處靈鷲山七寶淨土，聽佛說法，故慧思禪師說「非爾弗感，非我莫識」，此法華三昧前方便。世間種種學問都無法與其相比，所以我們無論是打坐、拜佛、讀經、抄經、念這句名號等等，都是趨向至誠之極。至誠之極可契入法華三昧、契入念佛三昧；安立念佛三昧，一切智慧方便都法爾現前，教理自然會透徹瞭解，因為教理無非就是吾人內心的智慧，慧由心出，不由他悟。我們按印祖的話去做，至誠顓蒙念佛，暗合道妙，潛通佛智，終必大明乎教理。

39 問：我現在誦經與打坐同修，自打坐後我的膽結石病不疼了。請問打坐能治膽結石嗎？

答：

你打坐一定要調心，不是為打坐而打坐，就是天台講小止觀，你得調身、調息、調心，你的身、心、呼吸與道相應。比如你在那裏念佛，念佛是指自己的心與這個佛號相應，佛號是阿伽陀藥，它就能治你的膽結石。如果你一打坐，你還在想你的很多事情，這樣怎麼能治膽結石呢？所以不是一個打坐的形態，而是你打坐裏面包含修心調息內容，來決定你是否身體健康的。所以你打坐還是念佛就可以了。你經行念佛也同樣有這個效果。行住坐卧，心不離佛，佛不離心，便可以達到療治疾病、強身健體的目的。

40 問：「色不異空」和「色即是空」有甚麼區別？

答：

這是《心經》的兩句經文。「色」就是身體與森羅萬象的色法，是現象界的種種事相。「空」是指諸法的體性。第一句「色不異空」，是從緣起來看，緣起的種種色法是從性空衍生出來的，沒有性空就不會有緣起。所以從現象上來說，色法和空性是沒有差異的，就叫「不異」。第二句「色即是空」，是從事相上的不異到更進一步地從它的體性上來看，實際上是不二的。既然是緣生法，就是種種因緣湊合的色法，它不是

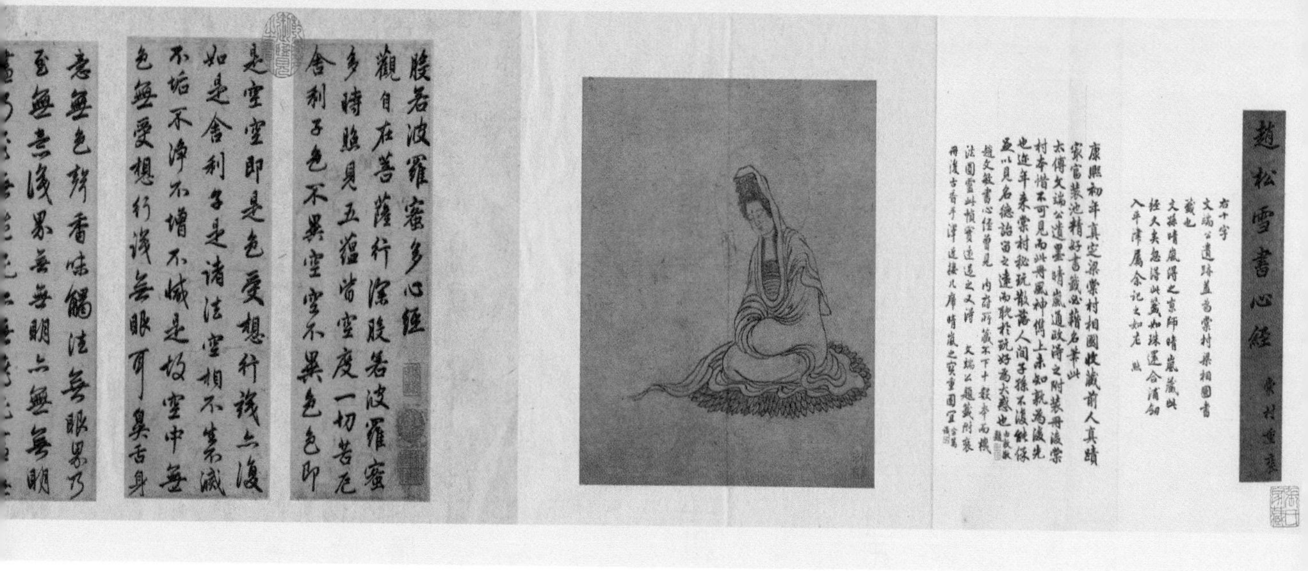

原來就有的，所以它自性本空。「色即是空」不是滅色為空，色法當體即空。「照見五蘊皆空」，照見色、受、想、行、識的空性，就是以真空融妄有，以真融妄，就能夠「度一切苦厄」，度脫分段與變易二種生死苦厄。這是般若系經典裏面非常精闢的闡釋，我們學佛人能夠真正領解色不異空、色即是空，能夠依教奉行，將活得快樂、瀟灑。為甚麼呢？因為知道了色的空性，就不會對現象界的五欲六塵貪戀執着，一切如夢幻泡影，都是空的。由於認為色的真實存在，才會有一種貪戀執着，得到了欣喜若狂，得不到就沮喪萬分，所以就會迷惑顛倒。對色與空的本質，眾生靠自己的福德智慧是不能把握的，絕大多數人都迷惑在現象界的色法上，競爭忙碌，一生「為他人作嫁衣裳」。如果吾人能觀照諸法空性，就是具備世出世間的般若智慧。所以《金剛經》講，能夠瞭解諸法的空相、無四相、畢竟空、無所有這些道理，對十八種空性，有法空、無法空、有法與無法俱空、空空亦空等等，聽了之後不驚不怖不畏，這種人「不於一佛二佛三四五佛而種善根，已於無

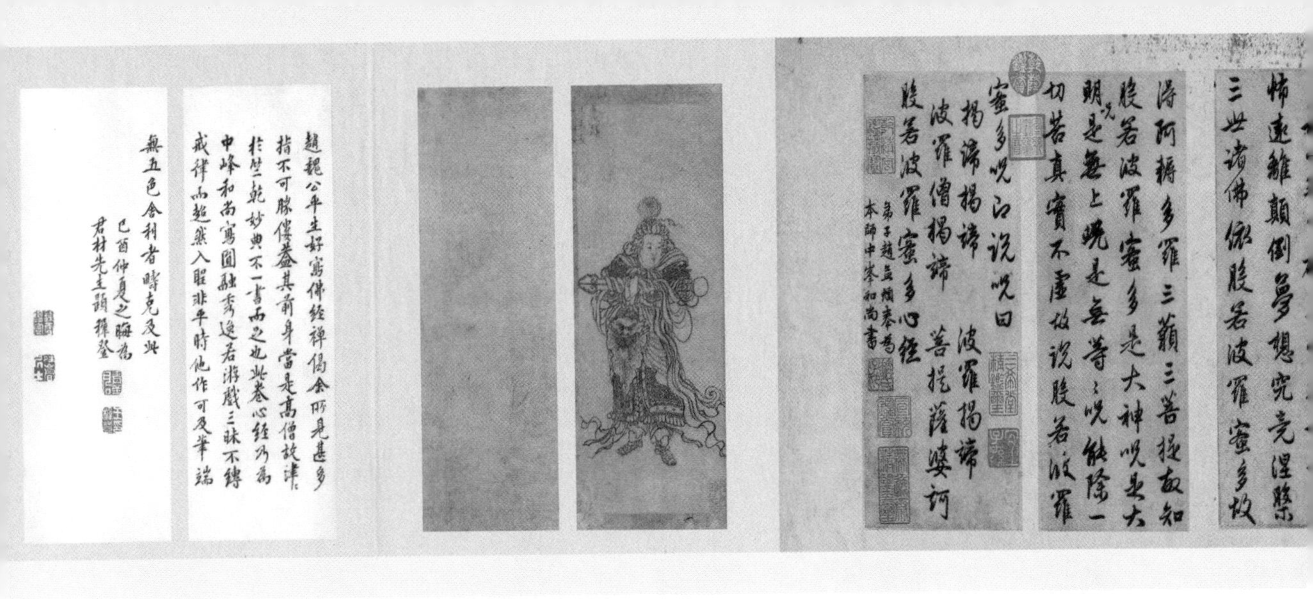

■〔元〕趙孟頫《心經墨跡行書冊》

量千萬佛所種諸善根」。

在淨土法門，真空與妙有也融攝在這句名號裏面。阿彌陀佛名號有兩個核心功德：一是無量壽，一是無量光，無量壽就是空性，無量光就是妙有。光明是從空性之體自然顯現的，經云：「淨極光通達，寂照含虛空。」何謂清淨？無有見惑、思惑、塵沙惑、無明惑，乃至習氣全無，就清淨了。清淨到極點，就契入無量壽的心體，自然就能夠放光，就有無量光。無量壽和無量光是不異的，無量壽即是無量光，無量光即是無量壽，只有光中有壽，壽中有光，才是阿彌陀佛。如果光明沒有無量壽的湛寂，就會躁掉；如果無量壽的寂定沒有光明的妙用，就會流於頑定、枯定。一定要空寂之中具妙有，壽中有光，才是佛教的中道、第一義諦，即謂第一義諦妙境界相。比如說，西方極樂世界全體依正莊嚴，這些色法，當體即是真如、涅槃，這是「色即是空」；阿彌陀佛契證到諸法的空性，由他的大悲願力顯現了西方極樂世界無盡的莊嚴，這就是「空即是色」。這樣，「色」與「空」就有深刻的辯證關係。我們

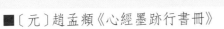

這樣去理解，就能把般若的空性和淨土的妙有圓融起來，越空越有，越有越空，空有不二，光壽一如，就是佛法的中道。

41 問：沒有進佛門的人，也就是說沒有皈依的人是否能讀誦大乘經典？

答：

雖然沒有進行形式上的皈依，但對大乘經典有好樂當然可以讀。佛法經典重在流通，一切眾生願意讀佛經，這是佛非常歡喜的事。所以不要給人家設置門檻，不能說一定要受皈依才能讀經典、沒有受皈依不能讀，你這話說得好像很鄭重，實際上你可能斷了對方接觸佛法進而修學佛法的緣分。即使是開始反對佛教的人，為寫批判佛教的文章而讀佛經，或有可能成為斷疑生信者。宋代宰相張商英，剛開始時對佛教非常反感，為了寫闢佛的文章去看《維摩詰經》，一看他才知道佛法精深，便轉而信佛教，後來成為佛教的大護法。所以不要對他人看佛經設置門檻、設置障礙，就是基督教徒想看佛經，也可以給他看。去年馬來西亞一位居士對我說，馬來西亞有一些基督教徒，看了我講的《淨土資糧——信願行》後轉而念佛了。是故我們宜發菩提心，傳播淨土法門。自信教人信，真誠報佛恩。

42 問：請問極樂世界是物質世界還是心靈世界？

答：

現代哲學，大多是或唯物或唯心二分法思維方式，實則心與物是不能打成兩橛的。物質世界是建立在眾生的念頭上的，離心無物，這是大乘佛法的究竟義。對於西方極樂世界，我們怎麼去認知呢？首先，得承認極樂世界存有的真實性，誠如《佛說阿彌陀經》所示：「從是西方過十萬億佛土，有世界名曰極樂，其土有佛，號阿彌陀，今現在說法。」釋尊的標實境，非海市蜃樓之類。其次，得明瞭極樂世界成立的原理，乃是阿彌陀佛契證畢竟空無所有之實相，稱性發四十八大願，由願導行，稱性所顯現的淨土，為十方無量眾生提供究竟安樂之家園。故知極樂淨土是阿彌陀佛願心所流現，萬德所莊嚴，亦有十方眾生增上善業所感，其依正莊嚴無非因緣所生法。一一莊嚴，全體理性，一一理性，具足莊嚴，誠為大不可思議之淨土，非心靈與物質二分法所能詮釋。伏冀仁者仰信佛語，發願往生，孜孜稱名，逕生西方，速成正覺。

二、般若起信

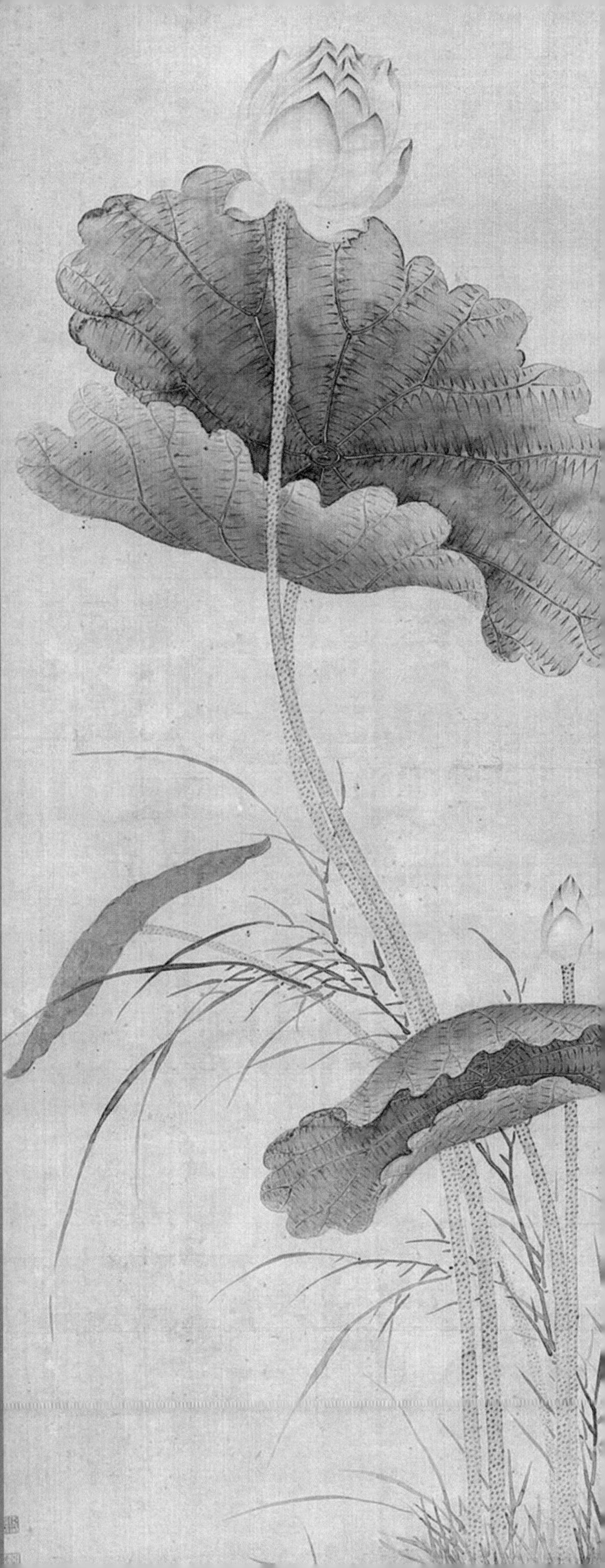

01 問：「清珠投於濁水，濁水不得不清；佛號投於亂心，亂心不得不佛」與「口念彌陀心散亂，喉嚨喊破也徒然」，請問如何正確理解？

答：

前面的一個偈子是古德所開顯的，意思是我們所執持的阿彌陀佛名號就像清水珠，清水珠投到渾濁的水裏，便能澄清濁水。用這個來比況阿彌陀佛的萬德洪名，投到我們凡夫眾生渾濁散亂污染的心中，我們的心念亦法爾自然地趨近佛心，因為佛號即是實相，即是阿彌陀佛的心，所以我們的心也一定會像阿彌陀佛那樣，具有他的平等心、清淨心、慈悲心、廣大心、光明心，這就是亂心不得不佛，說明這個名號具有像清水珠那樣的功能作用。「口念彌陀心散亂，喉嚨喊破也徒然」，這是憨山大師《費閒歌》中說的話。這個偈子意謂：如果不具備信願，只是口頭上去念彌陀名號，也沒有信願求往生的心，那麼就很難與阿彌陀佛的願力相應，不能感通佛力，就不能帶業橫超往生淨土，所以才稱作「喉嚨喊破也徒然」。如果具足信願持名，雖然內心還有散亂，但也絕對是能往生的，不是喉嚨喊破也徒然

■〔明〕憨山德清禪師

的。所以這個偈子大家不要隨便亂用，不要斷章取義，要把前面兩句話聯繫起來理解。信願持名，雖然散亂，絕對往生；如果沒有信願，只是口念，當然就不能往生，這時候可以說是徒然。這裏應當辨識清楚，不可顢頇自昧。

02 問：法師慈悲，我們常聽您講念佛要感應道交，到底怎麼才算是感應上了彌陀的慈悲願力？

答：

我們講念佛法門的奧妙、理則是感應道交，這是這個世間上，這個法界當中，最深邃的心性上的學問，屬於這種悟境的範圍，不是屬於第六意識思維邏輯範圍；就是用我們至誠懇切念佛的心，這叫「能感之機」。法界存在一種所應之力量，這種力量就是阿彌陀佛的四十八大願的願力，這就是所應。這個道，是吾人現前一念心性，與阿彌陀佛四十八大願的願體乃是同體，這就是深邃之道，或曰清淨之道。透過這樣的同體的渠道，我們跟阿彌陀佛的慈悲願力能交融在一起，能互動，能溝通，這就叫感應道交。

明白這個道理之後，我們念佛，也不要去追求甚麼境界。你說在念佛的時候，能在這句佛號當中找到一種安心，獲得一種歡喜，就跟阿彌陀佛感應道交了，歡喜光就在我們身上體現了。我們這句佛號能夠念得綿綿密密、不中斷、相繼，那麼這是阿彌陀佛名號當中的不斷光在加持我們了，我跟阿彌陀佛感應道交了。在念佛的時候，這句名號讓我們生起了這種慚愧心、悲痛心、感恩心，這些都是阿彌陀佛的力量、願力、名號在我們心性上開顯出我們自性的一些善的力量，這就是感應道交了。這是一般的用平常心去理解感應道交。再從瑞相上來看、靈驗上來看，也是具有的，但這不要去追求。比如我們念得比較清淨的時候，會忽然聞到一種異香。這個如果是有心去求，一定聞不到。往往在無心的時候，會忽然傳過來。名號溝通着娑婆世界和極樂世界，在我們的一種無作妙用的心性當中，名號法爾自然地把西方淨土的寶香傳到我們這個地方。音樂、光明、蓮華，這些也都是存在的。你出現這些境界，也不要去執着它；沒有出現這個境界，也不要懊惱。我在彌陀心中念佛，佛在我心中應和；即念即應，妙感難思。是故，念念都是阿彌陀佛，就是最好的境界，也就算最妙的感應了。

03 問：關於臨終往生是否需要正念「憶佛念佛」的問題。是否只要平時具足信願持名，臨終不論甚麼情況，乃至昏迷，亦得往生？

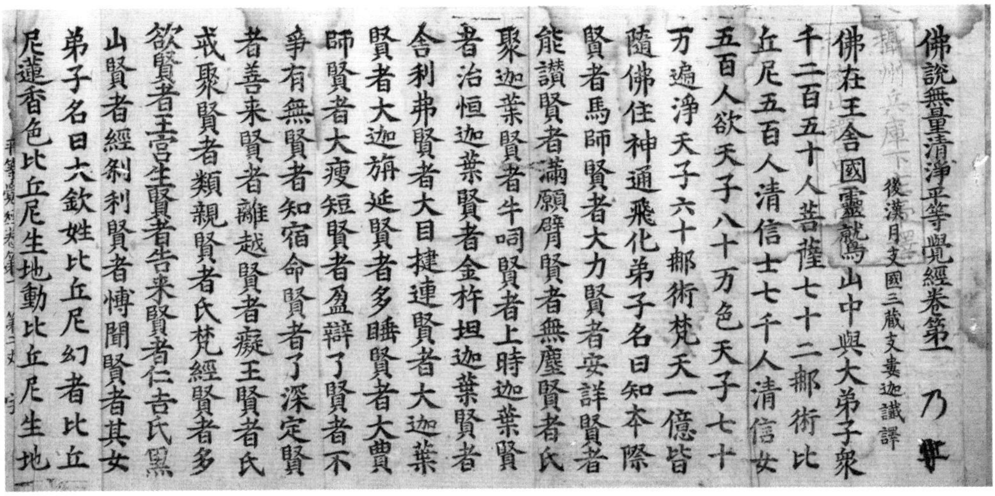
佛說無量清淨平等覺經卷第一 乃
後漢月支國三藏支婁迦讖譯
佛在王舍國靈鷲山中與大弟子衆
千二百五十人菩薩七十二那術比
丘尼五百人清信士七千人清信女
五百人欲天子八十万色天子七十
万遍淨天子六十那術梵天一億皆
隨佛住神通飛化弟子名曰知本際
賢者馬師賢者大力賢者安詳賢者
能讃賢者滿願臂賢者無塵賢者氏
聚迦葉賢者牛呞賢者上時迦葉賢
者治恒迦葉賢者金杵坦迦葉賢者
舍利弗賢者大目揵連賢者大迦葉
賢者大迦旃延賢者多睡賢者大貴
師賢者大瘦短賢者盈辯了賢者不
爭有無賢者知宿命賢者了深定賢
者善来賢者離越賢者癡王賢者氏
戒聚賢者類親賢者氏梵經賢者多
欲賢者王宮生賢者告来賢者仁吉氏黑
山賢者經剎利賢者慱聞賢者其女
弟子名曰六欽姓比丘尼幻者比丘
尼蓮香色比丘尼生地動比丘尼生地

■〔漢〕《佛說無量清淨平等覺經》

答：

這個問題實際上涉及到往生的條件問題，往生的條件乃是信願持名。有一個觀點認為臨終時一定要有正念，一定要念頭落在阿彌陀佛名號上才能往生，否則便不能往生。這個說法聽起來好像滿有道理，然就淨土特別法門往生而論，卻要慎言。如果淨業行人念佛功夫良深，臨命終時，正念在阿彌陀佛上，則決定往生。對此我們要提倡，要鼓勵，身體力行，但是卻不能把這視為往生的唯一標準。念頭沒有放在阿彌陀佛上就不能往生，正念才能往生，意味着把自力功夫還是放在了第一要素。真如此，則在往生這一緊要關頭，阿彌陀佛在起甚麼作用呢？難道阿彌陀佛那麼的被動？五劫的思惟，無量劫的修行，整個的大願都是要救度每一個眾生，法界當中不遺留一個眾生滑入輪迴。有着這樣的大悲心，難道在我們往生之時不施展威神願力，予以幫助，這可能嗎？我們平時只要具足信願持名，臨命終時阿彌陀佛的大悲願力便會法爾自然地展現在被救的眾生身上，令其往生淨土，這是有聖言量依據的。

《佛說無量清淨平等覺經》（支婁迦讖譯），是五種原譯本中最早的譯本，其中談到三輩往生及邊地疑城的情況。先看中輩和下輩疑城往生的情況，以明瞭阿彌陀佛在眾生臨終時是如何令其往生的。

經中談到中輩往生時，主要是指不能出家行作沙門者，然應飯食沙門、建造佛寺佛塔、燒香散華燃燈等等。這類行人平時做這些功德，「若其然後中復悔，心中狐疑，不信分檀布施作諸善後世得其福，不信有無量清淨佛國，不信往生其國中。」他中間有懷疑了，不信這些事了；或者「暫信暫不信」，他便或不念佛了，或以輕浮心來念；那麼「其人壽命病欲終時，無量清淨佛則自化作形像，令其人目自見之，口不能復言，便心中歡喜踊躍。」此人臨命終時自因業力必然會下三惡道，阿彌陀佛在這個時候開始他的願力作用了，就自己變化成佛的形像，讓這個亡者親眼目睹，這個人口裏都不能說話了，但是心裏非常踴躍，同時他後悔原先的疑心，悔過原來的過失並懺罪，接續念佛求生。這樣，「其人壽命終盡，則生無量清淨佛國，不能得前至無量清淨佛所。」生到邊地疑城，不能見佛，不能聞法，不能親近比丘僧。這種人生到邊地疑城是由於生前修淨土法門時，心口各異，沒有真誠心，狐疑佛經所述的西方極樂世界的存在，求往生的志向不是很堅定。這種人按自因自果，應當落三惡道中，阿彌陀佛哀愍之，以威神願力接引他的神識到西方極樂世界。那麼這句「威神引之去耳」

證知往生全憑佛力，無關行人有否自力正念；即有正念，也是阿彌陀佛加持所致。

下輩往生條件中，如連中輩往生者那種廣做福德的條件也不具備，沒有能力去飯食沙門、廣修供養、建塔建寺等，然而宜應專心致志地念佛——「要當齋戒一心清淨，晝夜常念欲往生無量清淨佛國，十日十夜不斷絕。我皆慈哀之，悉令生無量清淨佛國。」是阿彌陀佛哀愍令他生到西方淨土！甚至於十日十夜念佛亦不堪，經中又開出了更方便的方法——「下當絕念去憂，勿念家事，莫與女人同牀，自端正身心斷愛欲，一心齋戒清淨，至意念生無量清淨佛國，一日一夜不斷絕者，壽終皆得往生其國。」只要我們十日十夜，乃至一日一夜不斷絕念佛，阿彌陀佛悉能令行人生到安養剎土，因為佛力佛智不可思議啊！

臨命終時，當我們的神識最後離開身體的時候，阿彌陀佛的大悲願力會在亡者最深層的阿賴耶識中產生作用，引導神識回歸淨土。《普賢行願品》中談到臨命終時引領神識往生一事：「若復有人聞此願王，一經於耳」，他只是一經於耳的功德，就能夠超過微塵數佛剎，相續不斷地上供諸佛、下化眾生所有的功德，那是「百分不及一，千分不及一，乃至優波尼沙陀分亦不及一」，說明一經於耳的功德就這麼大。然後「或復有人，以深信心，於此大願受持讀誦，乃至書寫一四句偈」，他就能夠消除宿世的業障，能夠得到人天的恭敬，能夠速得成就微妙色身。「又復是人，臨命終時，最後剎那，一切諸根悉皆散壞，一切親屬悉皆捨離，一切威勢悉皆退失。輔相大臣，宮城內外，象馬車乘，珍寶伏藏，如是一切，無復相隨。唯此願王不相捨離，於一切時，引導其前。一剎那中，即得往生極樂世界。到已，即見阿彌陀佛。」證知，聞到十大願王，乃至書寫一四句偈，其願王能夠滲入眾生阿賴耶識中，臨命終時引導神識到西方極樂世界中去。同樣阿彌陀佛五大劫思惟的大悲願力，我們常常去讀誦它，常常去思惟它，依教奉行，亦能夠在我們一切諸根悉將散壞，一切親人悉將捨離，一切都不復相隨的時候，這個四十八大願王，引導我們一剎那中到西方極樂世界中。要知道阿彌陀佛是以眾生心為心的，阿彌陀佛所有的法身報身化身和四十八大願的全體願力都在我們眾生的心內。我們的業報身以何種形式死亡，何時死亡，這都是虛幻的泡影。我們認為的非正常死亡，在阿彌陀佛眼裏它都是很正常的。吾人生生世世曾造作諸多的惡業，還會有多少善終的呢？但是阿彌陀佛就要救度我們這些不得好死的人，他的願王力量已經達到我們阿賴耶識的深層。臨終的昏迷是第六意識的昏迷，而滲入藏識中的彌陀願力會為離體的神識導航的。

只要平時具足信願持名，乃至一晝夜的功夫，阿彌陀佛保任我們往生。經典如是說，我們還擔甚麼心呢？甚至睡夢中亡故，也能往生。睡夢時，亡者第六意識都在睡眠狀態，他是怎麼往生的呢？對此，我們得站在阿彌陀佛的大悲願力的角度去思惟。我們與阿彌陀佛是同體的，佛憐念我等，如母憶子。我們平素信願持名已經盡了最大努力，至少念過一晝夜的佛號了，阿彌陀佛都能夠保證我們往生。我只要在因地當中符合一晝夜念佛條件，阿彌陀佛決定保證我們往生。經典如是說，吾人亦當如是信順，深信佛智。

第十八大願：「至心信樂，欲生我國，乃至十念。」請注意這個「乃至十念」，這個十念通平時，也通臨終。通平時，有很多的包括宗門教下的祖師大德，只要修十念

■〔14世紀日本〕《阿彌陀佛與二十五大菩薩接引圖》

法門，都能往生。對阿彌陀佛為我們設立的底線往生保證要有決定信心，這樣才能得到安心，得到安樂。如果堅執臨終一定要正念才能往生，或云要有清淨心才能往生，或云功夫成片才能往生，如果被這些觀點所牢籠，我們就難免憂慮、恐懼、不安，如是便偏離了淨土法門安樂的特質，亦有違於阿彌陀佛「一切恐懼為作大安」的悲願。吾人當服膺永明大師「無禪有淨土，萬修萬人去」的慈示（信願稱名即為有淨土），老實念佛，莫換題目。自知當往生，心生大歡喜。因彌陀大悲光明，攝持不捨吾等眾生故。

04 問：我集中思想念阿彌陀佛時，心中有一種空曠、充滿、柔和的感覺，這是不是一瞬間感受到的佛性？

答：

心空即佛性，佛性是吾人本自具有的，無奈無明煩惱厚重，佛性無能透顯。而執持六字洪名，正是開啟佛性的金鑰匙。何以故？這得從心佛眾生三無差別的原理予以觀照。阿彌陀佛的法身、報身、應化身遍入眾生介爾一念裏面，即諸佛如來是法界身，入一切眾生心想中。所以我們至誠念佛，就能將阿彌陀佛的三身功德召喚出來，由此阿彌陀佛果地上的功德就會體現在凡夫眾生濁染的心裏面。佛號如摩尼寶珠，能澄清凡夫的污染心，能使凡夫的散亂心有序化；名號內具的無量光壽令念佛人身心柔軟，開發智慧，開顯自性。我們聲聲佛號都是與阿彌陀佛的光明互動，光光互攝，就能化解種種厄難，就能開發吾人的菩提善根，就能增上吾人信願持名的力量，最終令我們橫超三界，往生淨土，快速成佛。所以至誠執持名號，稱揚讚歎彌陀的光明，如是哪怕一晝夜的持念，也能夠成辦往生大事。所以念佛是神妙的法門，此法門的建立全體是佛果地上的境界，誠為大不可思議。

釋迦、彌陀兩土世尊，以大悲心以神道設教，教化我等眾生，生信啟願，感應道交。自古迄今，有許多念佛人在念佛的時候，或聞到異香，或看到蓮華，或在助念的時候見到西方三聖，等等，這些不是齊東野語，乃真實之事實。慧遠大師在廬山結社念佛，三次見到阿彌陀佛，劉遺民居士也有定中見過阿彌陀佛的感應。對這些不可思議的事例，無法以邏輯思維來作論證，但事實卻鑿然存在。釋尊在宣說《無量壽經》的時候，與會的兩萬地球人都看到了阿彌陀佛、極樂世界，這是兩土的世尊慈悲加持，令與會大眾斷疑啟信所致。空中現出西方三聖，阿彌陀佛如黃金山，光明熾盛，西方淨土全部現前，娑婆的此土和極樂的彼土打成一片，其清晰程度就像手拿明鏡照見面像一樣。淨土法門一一事相悉可消歸自性，極樂世界全體依正莊嚴即是涅槃的常樂我淨，亦是一切眾生所本具的。念佛法門別無奇特，但至誠懇切，無不感通。一念相應一念佛，念念相應念念佛。如空印空，似水投水。執持名號，顯我自性，立竿見影，但願辛勤精進。

05 問：往生的必要條件是甚麼？我念佛到甚麼程度才能往生？

答：

往生的必要條件是信願持名，尤其是信願。「得生與否，全由信願之有無。」（蕅益大師語）淨業行人往生西方淨土，全仗阿彌陀佛威神願力作為強緣，並不僅從一己功夫上論。西方淨土乃實報莊嚴土，如從通途法門之修因證果來判，靠自力的功夫，不唯凡夫無能生彼，即斷見思惑的阿羅漢也去不了。然業力凡夫以深信切願執持名號（此為能感之機），阿彌陀佛即以果覺願力加持接引（此為所應之法），一念感通，彌陀的全體功德便顯現在念佛人的身心，令其帶業往生，橫超三界，往生安養，速成佛果。是故信願持名乃淨業三資糧，由信啟願，由願導行，由行證所信、滿所願。有深信切願，其持名功行，自會如決江河，沛然莫禦。念佛能達到功夫成片，乃至事一心、理一心，固是嘉事，能增上往生品位。念佛功淺，心未清淨，然具足信願，亦可蒙阿彌陀佛慈悲願力加持，成辦往生大事，是故不必過分執着念佛功夫的高低。念佛法門乃安樂法門，信心建立（信關透過甚難），深知自己已然蒙阿彌陀佛救度，作得生想，慶快平生。孜孜持名念佛，堅固落實信願，淨宗念佛大體即獲，無須尋枝摘葉，自尋困擾，令心不安。

06 問：念佛人多是老先生、老太太，年輕學佛人往往對禪、密感興趣，對淨土法門漠然，這是甚麼原因？

答：

年輕人學佛，多有好奇鶩勝者，是故一入佛門便對談玄說妙之法頗有好樂，加之自己稍有些文化知識，常以上根利智自許（或口頭謙虛，內心如是自肯），這是可理解的正常現象。而老先生、老太太，文才不足以廣閱經論，體力不能支撐長久坐禪，且桑榆已晚，感到臘月三十快到，渴求出離生死心較切，是故一聞簡易而究竟的念佛法門，便全身歸命阿彌陀佛，靠佛力帶業往生，了辦生死大事。這種心態與行持，乃是以他（她）們大半輩子人生苦痛經歷為代價，所獲得信仰上的碩果，可慶可賀。這種愚夫、愚婦實是根器深厚的念佛人，《無量壽經》指稱為佛的第一弟子，所謂愚不可及也，大智若愚也。而我們一些有點世智辯聰的年輕人，看得幾本佛經，瞭解幾則禪宗公案或密宗的神通感應等，便空腹高心，輕視淨土，這山望到那山高，實則並未在心地上下過真實的功夫。大概等到學佛過程中碰得頭破血流，痛定思痛之餘，或有浪子回頭之一時。待到那時，自認是愚夫愚婦，捨阿彌陀佛慈悲救度，莫由出離生死苦海。如是死心念佛，方是真正的上根利智，乃人中芬陀利華。

07 問：淨土法門是特別法門，不能以通途法門的法理解釋，那麼淨土法門能解釋通途法門嗎？

答：

淨土法門在佛的一代時教當中被稱為特別法門，所謂勝異方便，殊勝、特別、方便，但是它跟通途法門之間也是你中有我、我中有你的，並不是說不能夠去融通的。蕅益大師有一句話：這個淨土法門跟八萬四千的通途法門，「豎與一切法門渾同，橫與一切法門迥異」。它有相同的一面，比如這個通途教理要修戒定慧，要修六度萬行，心淨則佛土淨。對於淨土法門，它也要修淨業三福，也得要持戒，念佛也包含着止觀和定慧在裏面，所以它跟通途法門有相同的東西，這是「豎與一切法門渾同」的共性；同時淨土法門又與其他的法門有不同的特點：通途教理是從因向果，靠自力修戒定慧，斷貪瞋痴，斷一分煩惱證一分佛性，是這樣的一個修因證果的過程。念佛一法是把阿彌陀佛已經成就的果地覺作為我們的因地心，是靠佛力。而且就「了生脫死」這一點來說，它可以帶業往生的。通途教理，如果你修戒定慧，見思惑沒有斷，哪怕斷了多分，還有一品沒有斷，你生死了不了，三界出不去。然而念佛一法，你只要信願持名，儘管你一品煩惱都沒有斷，但可以橫超，帶業往生。而一到西方極樂世界，又得彌陀大悲願力加持，成佛就不需要三大阿僧祇劫和無量劫這樣漫長的時間，很快就能證到阿鞞跋致，很快就能證到一生補處，很快就能圓滿普賢十大願王。普賢十大願王的圓滿就是成佛，所以它是一個成佛非常快速的法門。這就是阿彌陀佛在因地建立的法門，他令我們眾生從果上修。阿彌陀佛果上的功德是不可思議的，所以傳達給我們眾生，把這個果覺轉化成眾生因地的功德，這之間的互動關係也就不可思議了。所以念佛一法是全體建立在佛的果地悲智威神的基礎上的，它全體是不可思議的，能令我們得到不可思議的結果。從這個意義上來說，用通途的那種修因證果的一般的因果法則去考量淨土大不可思議的因果事理，就摸不到邊。淨土法門唯佛與佛方能究盡，二乘的聖者乃至於等覺以還菩薩不能明瞭。我們凡夫眾生，唯有從仰信佛語入手。吾人念這句名號，就安立在無上正真之道，就在阿彌陀佛慈悲願海當中。只要至誠去念，就能解決我們一切生死問題，成辦我們的一切道業。這就是圓頓中至極圓頓，了義當中無上了義，方便當中第一方便。它下手方便，得到利益非常快捷、圓頓。從這個意義上來說，這是十方三世諸佛伸出廣長舌相來讚歎、來證明的一個法門。所以今生能夠遇到這樣一個法門，我們能夠相信，我們就是不可思議的人；我們能夠信願持名，往生淨土，就能得到不可思議的功德利益。這就是無上真實大利，無上真實大利就是了脫生死，快速成佛。希望大家生稀有難遭之想，老實念佛。

08 問：有關臨終往生有兩種說法，一直困擾着淨業行人。其一說，臨終必須有正念才能往生；其二說，只要平時具足信願持名，無須計較臨終是否有正念，決定蒙彌陀願力加持得以往生。這兩種觀點，我們應該如何抉擇？

答：

針對這個問題，《淨土》二〇〇五年冬季刊已經有過答覆，也許是仁者未能悉心細看、玩味，或率意讀過，生起異解。據說，網上對這個問題也有若干爭論，這也是好事，存疑辯論，有助於對不可思議的淨土法門義理的深入把握。

從理則上說，往生的條件純是信願持名，稱為淨土三資糧。我等眾生以信願持名為能感，阿彌陀佛大悲願力為所應，感應道交，證得往生。淨業行人首先得建立這個正知見。有了深信切願，自然會孜孜於執持名號。以真如名號熏習無明，如是功夫純熟，臨命終時，正念在阿彌陀佛上，則決定往生，對此我們要提倡，要鼓勵，要身體力行。由此，東林祖庭倡導每日至少念佛一萬聲，組織每月兩次的十天百萬佛號閉關，每月一次的晝夜經行念佛，以及一年三次精進佛七，悉是這種倡導的表證。

臨終念頭在阿彌陀佛上，固然往生無疑。問題是，臨終念頭沒有在阿彌陀佛名號上能否往生？對此，需要細加辨析。一種情形是：平時不具備信願持名，臨終念頭又不在阿彌陀佛上，可以斷定不能往生。另一種情形是：平時已具足信願持名，臨終因種種因緣，念頭未能在阿彌陀佛名號上，然願往生之心尚存，那麼吾人一定要堅信，阿彌陀佛悲願威神力一定會以種種善巧方便令這念佛人往生。在這個往生問題上，我們宜從自力念佛功夫的計較上擺脫出來，轉而注目思惟阿彌陀佛由同體大悲心所成就的大不可思議威神力量，了知只要我們至心信樂，欲生極樂，乃至十念（含平時），即可乘佛願力往生（第十八願）；瞭知如果有人有過信願持名乃至一晝夜的功夫，中途悔轉，復造惡業，然阿彌陀佛在此人臨終之際，兑現攝生弘願，令此人得以往生（參見漢譯《佛說無量清淨平等覺經・邊地疑城》）。這些聖言量教諭我們：我們只要關注凡夫應做的事情，即信願持名，或盡形壽，或十日十夜，或一日一夜，或十念。至於臨終最後一念出現何種情形，乃是我等凡夫無法把控、也無法判斷的，因衆生業力不可思議故。由於吾人無法把控，才會生起恐懼不安心。阿彌陀佛五眼圓明，悉知我們有此恐懼，便以臨終放光接引，令吾人獲得往生的安心、安樂。是故，我們只要關注平時信願行的培植，老實念佛，安心念佛，無疑無慮地念佛，無須在臨終一念是否在佛號上這個難以確定的問題上生起分別、執着，封拙懷迷。

　　茲舉兩則佛言祖語用作佐證，令淨業行人擺脫無謂之困惑。證一，《大智度論》卷十八云：「摩訶男釋王（註：迦毘羅衛國接任淨飯王的國君）來至佛所，白佛言：『是迦毘羅人眾殷多，我或值奔車、逸馬、狂象、鬥人時（註：國王難免率兵打仗），便失念佛心，是時自念，我今若死當生何處？』佛告摩訶男：『汝勿怖勿畏，汝是時不生惡趣，必至善處，譬如樹常東向曲，若有斫者，必當東倒。善人亦如是，若身壞死時，善心意識長夜以信、戒、聞、施、慧熏心故，必得利益，上生天上。』」證知，不以臨終一念，而是以平日善法熏習的慣勢作為神識的歸趣要素。吾人信願持名，有阿彌陀佛臨終接引願的加持以及十方諸佛的護念，往生淨土有何憂哉！

■〔清〕《釋迦牟尼佛唐卡》

　　證二，《印光大師永思集》中，有王慧常居士撰文云：「是年冬，大吐血一次，時人命何只在呼吸間！然省察自心，一不慌張，二不恐懼，但覺佛尚未念好為憾。癒後，與一緇友朝江浙諸山，至蘇謁師（即印光大師），稟告病危時心理。師聞之，大喝曰：『汝若如此想，西方去不得矣！甚麼叫念好？十念當往生。』聆言之下，生大感泣，師破去我自障矣。由是常生自信，我決定往西方，我決不再分段生死，我已是西方人。爾後凡作事動念，均以西方人況比。」證知，王慧常居士原先亦存臨終正念才能往生的想法，以佛號未念好，恐不能往生為遺憾。這一遺憾實則是對阿彌陀佛決定救度眾生力量的懷疑，是故，經印祖之棒喝，幡然醒悟，作得生想。

綜上所述，我等眾生不要怕罪業深重，只要具足信願持名，無論功夫淺深，悉能乘托阿彌陀佛願力成辦往生大事，是故吾人宜在信願持名、感通佛力上下功夫；至於臨終能否正念，可交由阿彌陀佛料理。我等凡夫唯在「至心信樂，欲生極樂，乃至十念（第十八願）」之上獲得決定往生的信心，在「敦倫盡分，繫念佛號（第二十願）」上增強自己的淨業修為。這樣，萬修萬人去，決非虛語。伏冀淨業行人放下我執情見，投入阿彌陀佛的大悲願海之中，至禱！

09 問：《西方合論》的作者袁宏道生到西方邊地疑城，請問師父，邊地疑城是如何形成的？哪些念佛同修會生到邊地疑城？

■〔明〕佚名《西方三聖像》

答：念佛法門是一切世間極難信之法，九法界眾生憑自己的福慧所不能信解。因其事理因果全都是佛的大不可思議威神願力所致，是故我等修習念佛法門者，大多都有程度不同的懷疑。《觀經》上品中生者（解第一義諦，即開悟者）往生時尚存疑慮，阿彌陀佛故言「我來迎汝」，令其釋疑心安。明代袁宏道居士信願持名，棲心安養，後在僧寺無疾而終。據其弟袁中道夢敘淨土一文記述，袁宏道開初只是生到極樂邊地，因撰述《西方合論》的功德，很快從邊地疑城出來，居住淨土。袁宏道居士的智慧與行持，在此土淨業行人中，當屬優等，然尚且只生到邊地，可見淨信往生殊為不易。

在三輩九品往生之外，別列的邊地疑城往生，乃是比喻之語，此類淨業行人以疑惑心修諸功德，念佛生到西方淨土界邊地七寶城中，於中五百歲不見佛，不聞經法，不知菩薩聲聞僧，類似此土障礙聞修聖道八難中的邊地（無聖人應化之地）之難，是故比喻為邊地。此邊地七寶城為疑人所居，故又稱為疑城。生到邊地疑城者，有中輩與下輩功行的差異，然有一共同點是：智慧淺陋，對淨土妙法信得不深，然亦執持名號，勉力修持或多年，乃至或一晝夜，其人中途，業力所縛，不信作善後世得福，不信往生淨土之事，這種疑悔導致修行功夫怠荒。如是眾生，臨命終時，病苦纏繞，自業牽引當墮三惡道。這時，阿彌陀佛以慈悲心，令彼於睡夢中見到阿彌陀佛極樂剎土。彼人見已，歡喜踴躍，以懺悔心念佛求生，接續原來的念佛善根，蒙阿彌陀佛威神願力加持，得生極樂世界。彼人疑心所現二千里的七寶城，於中住止五百年。阿彌陀佛又放光照觸彼人，令其了知滯留疑城的罪本是疑根，彼人遂懺除疑根，得至阿彌陀佛所。可見，吾人只要信願持名乃至只有一晝夜功夫，阿彌陀佛便將令吾人往生之大事預先安排妥帖。阿彌陀佛悲心不捨眾生，悉令往生的威神之力真實不虛，我等當如是信解。

10 問：近來，有些居士專弘淨土的音像與書籍在東北地區乃至全國大量流通，我等聾盲不辨真偽，請師父開示，如何明辨是非邪正？

答：

目前，弘揚淨土的音像與書籍廣泛流通，總的來說，是好現象，說明信佛學佛的人員增多，社會人士渴望瞭解佛教的人數增多。在這樣的背景條件下，能夠以種種方式，傳播正信正見的佛教，饒益眾生，功德無量。然毋庸諱言的是，在弘揚佛法的音像與書籍中，亦有一些相似法，蒙蔽了一些初入佛門的同修，誤人慧命，罪過不淺。末法之際，法弱魔強，邪師說法，如恆河沙，吾輩淨業行人應惕然警覺，明辨是非邪正，方可不至以好心求法，誤蹈魔網。茲略標三條原則，以資參考。

一、遵循釋尊四依法之遺訓

釋尊懸知末法邪師魔外盛行之事，臨涅槃時，特別開示佛教行人四依法，以免上當受騙。何為四依？①依法不依人。法性常住，能執持善法，模範人天。而人心惟危，情執厚重，不堪依怙。②依義不依語。謹依第一義諦，真空妙有，中道了義。語言文字只是詮顯實相真理的工具，得意忘言，不可尋文摘句，執指亡月。③依智不依識。謹依般若智慧，離念靈知，畢竟空無所有中，熾然建立因果善法。不可依八識妄心，分別執着，凡夫知見悉皆迷惑顛倒。宜以謙遜心，仰信聖言量，以佛知見為己知見。④依了義不依不了義。謹依大乘了義，佛說大小乘八萬四千法門，隨順眾生根機而說。然據圓頓至道，乃是真空妙有第一義諦妙境界相，不可思議的諸佛境界，生佛一體，感應道交。南無阿彌陀佛六字洪名，西方極樂世界全體依正莊嚴，即是了義中

大佛頂如來密因修證了義諸菩薩萬行首楞嚴經卷第一
一名中印度那蘭陀大道場經於灌頂部錄出別行
絲

■〔金〕《首楞嚴經古本》

無上了義。吾人當以上述四依法為準繩，方不辜負釋尊之顧命，識別魔外邪見，保全一己法身慧命。

二、不可盲目崇拜，釀成造聖運動

恭敬三寶，乃至奉事師長，理所應然。但宜智慧觀照，以至誠心、恭敬心對待一切。應知大善知識悉是謙抑自處，如善導大師自稱是「罪惡生死凡夫」，蕅益大師的證位亦屬「名字位中真佛眼」（煩惱未能伏斷，然知見與佛同齊），印光大師自云「常慚愧僧」「粥飯僧」。這些道盛德隆的祖師尚且以凡夫自居，以此相較，某些人或自稱或令他人稱述是某佛菩薩再來，或云自己如何修苦行、面壁斷食等；或云自己開悟得三昧、或云自己得神通與天人交往等，悉屬大妄語。按佛教戒律，真實證果，尚且不能公開對大眾說，更何況未證謂證，未得謂得。若犯大妄語，入地獄如箭射，不可不慎。

末世魔外，為求名聞利養，多有大言不慚者，吾人當深自警覺，不可隨聲附和，加入盲從膜拜之列，後果堪憂。宜熟讀大乘經典，尤其是《首楞嚴經》五十種陰魔，其中的想蘊十魔宜反覆研讀，便可鍛就識魔之慧目。

三、建立聖言量與祖師思想兩大參照系，用作辨別是非邪正之準繩

淨業行人當依淨宗五經一論聖言量與中國淨宗祖師思想作修行指南。欲知山中路，須問過來人。歷代祖師大德即是過來人，值得信賴。現代善知識的種種言教，雖聽起來不錯，然尚須時間勘驗。以古為師，老實行持，才能穩妥，尤其《印光法師文鈔》彌契現代人的根機，字字見諦，語語歸宗，千叮萬囑，婆心切切，吾人反覆研讀，依教奉行，便可一了百了。若其他法師大德的光盤與書籍，與聖言量及祖師思想相應，能幫助吾人正確理解經義和祖師觀念者，亦不妨參閱。

以上三條，只是原則性提示，伏冀淨業同修，隨機運用，不無裨益。淨宗念佛法門，只要信得及，守得穩，持念佛號，矢志淨土，便可直接以阿彌陀佛作大導師，我在阿彌陀佛心中念佛，阿彌陀佛在我心中接引護佑，生佛一體，感應同時，即凡心為佛心，轉塵勞為覺華，蒙佛願力，決定往生，何慶如之！共勉。

11 問：《大勢至菩薩念佛圓通章》說：「都攝六根，淨念相繼。」請開示其意義。

答：

「都攝六根，淨念相繼」乃念佛方法。大勢至菩薩在《楞嚴經》二十五圓通當中排列在第二十四，屬於根大圓通。七大的排列是：地、水、火、風、空、見、識，這個根大就是見大。吾人的心性，本來是圓明通達常住，而眼耳鼻舌身意六根作為感知外部世界的六個窗戶，卻將心性能量分散在六個方面。六根接觸六塵（色聲香味觸法），產生六識（眼識乃至意識），這十八界就把吾人內在的功德法財劫奪掉了。吾人如今修行佛法要返本還源，不讓六根向外面馳騁，而是向內心回復，在淨土法門就是用一句佛號把六根攝住，那麼我們念這句南無阿彌陀佛，心裏想這句佛號，口裏念出來，耳朵聽進去。

■《大勢至菩薩念佛圓通章——母子相憶圖》

六根當中，最重要的是把耳根和意根攝住。擒賊先擒王，我們的耳朵容易聽外面的聲音，因為耳根最圓，四面八方的聲音都聽得到，所以就要攝住耳根。耳根怎麼攝呢？就是自念自聽，聽自己念出來的聲音，不要去聽外面的聲音，因為我們的耳根總是聽外面的聲塵啊！這就馳騁六塵了，聲塵，現在要入流亡所，用這個聞性入法性之流，消泯能聞與所聞，暗合道妙。吾人念佛的時候常會心猿意馬，口裏念着佛號，心裏打很多的妄想，這就是意根沒有攝住。攝意根有種種的方法，或者觀想阿字，或者觀想佛的白毫相，印光大師還介紹過一個最簡便的方法，用意根去算數：念一句佛號，記一；念二句佛號，記二，……次第記到十的時候，再倒回來記一、二、三、四，每句佛號都伴隨着數量，這樣就用意根去記數，如果你意根一跑，記數就中斷了，這時候你就知道意根跑了，就把它抓回來。

如果耳根和意根攝住了，那麼其他的四根便不攝自攝。眼睛自然微垂，看到面前的三尺左右，不可東張西望；鼻根自然聞念佛堂的香味；舌根自然在念佛啊！身根結彌陀印，開始念佛時是合掌，表明散亂的心合在一起，萬法歸一，經行到第一個轉彎的地方便放手結彌陀印，念佛的時候身體不可搖擺，就好像頭頂着一碗油一樣，這樣也就有威儀了。都攝六根於這句佛號上，這句佛號就是阿彌陀佛清淨心，如摩尼寶珠，投到眾生濁染的心中，能令我等煩惱染濁的心轉為清淨。所以執持名號就是淨念，這個淨念能夠不間斷、不夾雜，就是相繼。都攝六根，淨念相繼，用這個方法專修念佛法門，就能以念佛心入無生忍，念到全心即佛，全佛即心，心佛能所融為一體，就契入到不二的法性，法性就是不生不滅的自性。忍是慧心忍可的意思，忍可在不生不滅的自性裏，這樣一句佛號便能打開吾人如來藏性這無盡的寶藏，將吾人心裏巨大的勢能開發出來。是故專修念佛法門，以六字洪名打開心裏的勢能，生到極樂世界疾速成佛，這就是大勢至菩薩給吾人的無上開示。我等淨業行人若以如子憶母的懇誠，專修念佛法門，矢志往生，「現前當來必定見佛」。如能這樣依教奉行，個個都能成為大勢至菩薩。

12 問：弟子煩惱不斷，惡念重重，甚至還造作身口意罪業，這種情況下信願持名能夠往生嗎？帶業往生是否只帶舊業不帶新業？

答：

首先我們要認知到凡夫眾生都是煩惱重重的，每天妄想雜念紛飛，我們與生俱來的貪、瞋、痴、慢、疑諸多的無明煩惱，一定會驅使吾人身口意三業造作惡業。正因為我們是這樣罪惡的根機，才有阿彌陀佛這種同體大慈悲心所流現的念佛法門和西方淨土的設立啊！他就是令我們這個煩惱不斷的眾生能夠帶業往生啊！只要我們在煩惱當中還有這個信願持名願往生心，我們決定能蒙彌陀願力的加持，能橫超三界啊！這不會有問題的，如果一定說我信願持名，我沒有煩惱，我心很清淨，我能夠功夫成片，事一心乃至理一心去往生，能達到這個水平固然好，那往生不在中下。然而自己業障深重，還有煩惱不斷，每天還造作這樣那樣的惡業，然而只要信願持名，那也一定能往生！

帶業也帶舊業，也帶新業。你說我們學佛以後就都沒有造業嗎？你觀察一下每天你的念頭在想些甚麼。起個壞的念頭就是個業啊！就有一個因果啊！我們因無明的煩惱沒有斷，俱生我執堅固，會有甚麼清淨啊！有甚麼慈悲啊！有甚麼無我啊！我們內心朋從爾思的大多還是貪瞋痴三毒煩惱，這些都是業啊！阿彌陀佛悲愍我們，不捨一切眾生，舊業新業一攬子解決，這是大航船啊！比如我們原來的業力如四十由旬的大石頭，然後我們再加點新業五十里的大石頭放在這個航空母艦上，它照樣運輸過去呀！但是並不意味着反正帶業可以往生，我現在就造作很多惡業吧！不能這樣啊！一個真心學佛的人，一定要持戒，一定要修淨業三福，隨緣消舊業，更不造新殃啊！念佛行人盡最大努力消舊業，盡可能做更多的善業淨業，但在起心斷惡修善業的過程當中，摻合着貪、瞋、痴的煩惱，這種雜毒之類是在所難免的。在這世間做事，我們常會犯錯誤，能找一個不犯錯誤的人嗎？我們就是在錯誤當中成長的啊！如果這個念佛法門搞得非常嚴格，只能帶舊業，不能帶新業，那我們都沒有辦法啦！所以這個一定要把它辨識清楚，我們從自己的角度來看，好好地淨化自己的心，然而確實煩惱重重啊！我做不到的地方，那就全交給阿彌陀佛了，他老人家會憐憫我等，會有慈悲願力，一攬子給我們解決問題的啊！帶業往生，橫超三界，疾速成佛，這淨土法門的異勝方便，圓妙妙法，吾人當深信不疑。

13 問：淨土宗學人常見這麼一句話：「《大集經》云：『末法億億人修行，罕一得道，唯依念佛，得度生死。』」曾看到一位居士說，《大集經》沒有此說，這是以訛傳訛。弟子沒有餘力去通看全部《大集經》，所以特此請教如何看待？

答：

這句經文很多祖師大德都引用過。上個世紀八十年代有人否認「帶業往生」一說，組織查經小組，說所有經典都沒有「帶業往生」四個字，於是就否定淨土法門的帶業往生。雖沒有「帶業往生」四個字，然帶業往生的義理隨處可見。現在找不到原文，不等於可以否定這句佛語。永明大師《宗鏡錄》中引用的許多經文，現在也有些找不到出處和經典，然不可由此否認所引經文的真實性。由此來看，經典當中處處都說，末法眾生靠自力修行很難解脫。末法人修道，誰能得道呢？「得道」就是「證」的意思，誰能斷見惑、思惑，得小乘四果？又誰能斷塵沙惑、無明惑，成就大乘聖賢位呢？可以斷言，在五濁惡世，靠自力斷見思惑、塵沙無明惑確實是稀罕的。淨宗祖師大德常常作如是開示，欲令我等凡夫謙卑地全身心靠倒阿彌陀佛，度脫生死苦海。

■〔宋〕《蓮宗六祖永明延壽大師》

《無量壽經》裏面就談到，有一億菩薩由於沒有聽聞到淨土法門，退轉阿耨多羅三藐三菩提。連這麼多菩薩不聞淨土法門，尚且退轉，更何況具縛凡夫呢？五濁惡世，非念佛法門無能度脫。熾燃火宅內，無須戲論紛然。信奉佛言祖語教誨，死盡偷心，珍重念佛法門，矢志不移，方能當生成辦了生脫死之大事。

14 問：如何正確理解和實踐「信願行」？只要有了信願持名，就一定能往生嗎？

答：

往生的條件是信願行三資糧，這三者是有機的整體，由信啟願，由願導行，由行落實信願。信要深，深信極樂世界的真實存在，深信阿彌陀佛具有救度我等凡夫的威神願力，雖然吾人煩惱厚重，但不會障礙阿彌陀佛的救度。深信我與阿彌陀佛同體，阿彌陀佛悲心不捨任一眾生，當然也不會遺棄我這個苦惱的浪子。願要切，深心厭離娑婆、欣求極樂。以般若正觀覷破世間的幻相，一心繫念極樂妙嚴。淨業行持中有煩惱習氣是正常的，凡夫的心都是不清淨的，在煩惱中只要信願持名，就好像在水火（所謂貪欲如水，瞋恨似火）二河中有一條四五寸寬的白道，走在執持名號的白道上，就能得到釋迦、彌陀兩土世尊的加持，能令我們從娑婆此岸到達極樂的彼岸。因為這是阿彌陀佛對十方眾生莊重的承諾，是阿彌陀佛十劫以來成就的大願，惠以眾生的真實大利。我們同阿彌陀佛有着一個神聖的契約：我等眾生只要信願持名，阿彌陀佛決定度脫我等到極樂世界。換言之，阿彌陀佛只要我們「南無」，即全身心交託，這「南無」（歸命）就含攝信願持名，阿彌陀佛就幫我們解決一切問題。信願能感通彌陀大悲願海，持名順應彌陀因地「立名無量壽，眾生聞此號，俱來我剎中」的願心，證知我們只要信願持名就能往生，無須其他任何條件。我們應隨順佛語，生如是決定信心。

15 問：弟子念佛一年多了，總感覺煩惱越念越多，請開示如何對治？

答：

在念佛的過程當中伴隨着煩惱習氣，這是正常現象。所述越念佛煩惱妄念越多很正常，不念佛時煩惱妄念也很多，只是未能察覺而已。通過念佛才知道有這麼多的煩惱妄念，這是用功初步得力的表現。

如何對治這些煩惱呢？首先，得分析自己哪方面的煩惱最重，擒賊先擒王，對準最重的煩惱加以對治。一般來說，貪、瞋、痴、慢、疑是五種根本煩惱。

貪，就是淫欲心，欲界眾生最重的煩惱，乃輪迴之根本，不加以降伏淡化，便會障道。持名念佛單刀直入，以名號內具的清淨光降伏淫欲污染心。當貪欲煩惱洶湧時，趕緊靜心自念自聽六字洪名，欲心煩惱就會減輕其強度直至被清淨光化解。同時亦配之於種種觀想，如不淨觀、死想、如母如妹想等，念佛與觀想雙管齊下，立見奇效，宜於煩惱境中時習之。

瞋恨心來自人我的對峙，宜以同體慈悲來對治。阿彌陀佛名號內具歡喜光，正是對治瞋恨的一帖良藥。要以同體的慈心等視一切眾生，如父如母，多生多劫互為六親眷屬，孝悌愛敬唯恐不及，何可放縱恚恨、傷害對方呢？念佛人要有柔軟的慈心，這是成佛的種子，宜應善護念。

愚痴是不瞭解事情的前因後果、不相信因緣果報，所以要觀察諸法緣起的事理。至誠念佛，佛號中內具的智慧光正是對治愚痴的。愚痴黑暗的內心有着佛號光明的注入，如同千年暗室一燈照亮，是故念佛能開啟智慧，有智慧光明便自然沒有愚痴黑暗了。

第四是與生俱來的貢高我慢，這是極為障道的。我慢高山，不留法水。淨業行人要卑以自牧，要生慚愧心。六字洪名內具的平等覺能對治驕慢的煩惱。

最後是懷疑的煩惱，這在淨土法門來看，是「罪本」，有懷疑，就不會產生信心。隨着眾生的慧淺障深，疑根會更加堅固。環顧現代，眾生普遍都有懷疑的心理。從整個社會的道德來看，這是一個誠信度極為低落的時代，人與人之間豎起一道懷疑的高牆，加上所謂的科學懷疑精神，實在對淨土這一超然存在的信心樹立了強固的屏障。

《無量壽經》講「人有信慧難」，真實不虛。對此，吾人宜以謙卑的心態，首先仰信佛言祖語，依教奉行，持戒念佛，漸次心地開朗，融化疑結，方可從仰信契入智信。另外，多看《淨土聖賢錄》以及淨宗祖師的著作，聽聞淨土經論，時時熏習，慢慢深植信根。在這個五濁惡世，真信淨土，老實念佛者，堪稱人中白蓮華，要自珍、自重、自勉。

16 問：「自性彌陀，唯心淨土」，古德多有言及。西方極樂世界就在當下自己一念心性之中，所以不必求生距此十萬億佛土之遙的淨土。弟子甚感困惑，請法師慈悲開示。

答：

諸佛說法，事理雙備，不可執事迷理，尤不許執理廢事。自性彌陀，唯心淨土，是從理上立言，道理雖是，然不是凡夫的境界。首先得明瞭何謂自性，何謂唯心。自性乃清淨妙明本性，又云自性天真佛。心這個概念，在佛經中有時指妙明真心，有時指攀緣心，有時指八識的妄心。說自性阿彌陀佛，是對吾人介爾一念體性而言，性具無量光壽，寂照不二，即阿彌陀佛；唯心淨土是對妙明真心而言，此心廣大無邊際，究竟如虛空，量周沙界，西方極樂世界亦不越一念心之外。是故阿彌陀佛、極樂世界與吾人心性同體相關，心、佛、眾生等無差別，斯言確哉！然這悉是從理上建言。那麼從事相上來說，距娑婆世界十萬億佛土之遙遠的西方確有極樂世界。淨土在妙明真心之內，卻在凡夫八識妄心之外。我等凡夫眼下全體是心意識用事，煩惑重重，是故不可執理廢事，宜從事修入手，持戒念佛、讀誦經典、廣修福德，求生淨土，俟往生到極樂世界，方可現量親證自性彌陀、唯心淨土。是故，唯心淨土，實有十萬億佛刹之遙遠的極樂世界可到；自性彌陀，彼土實有一尊阿彌陀佛可以親炙。如是認知，不執邊見，理事圓融，這才是大乘中道了義，才是淨業行人之正見，於此不可顢頇。

17 問：有人預知時至要往生，請佛友來助念，但幾次都沒走，是不是這裏面有偏差呢？

答：

有些事情沒有達到預期的效果，我們一定要從自身找原因。正信正見確實是非常重要的，動不動就向大家宣布，我甚麼時候往生了，我要表演給大家看了，這些心態都有其他的雜念在裏面，自己出問題了。念佛往生是真誠地面對自己的，解決自己無量劫以來的切身大事，不是向外面去表演的。念佛人要平實。昔慧遠大師在念佛禪定中，三次見阿彌陀佛，皆沉厚不對他人講。大行法師念佛三七日，見琉璃地，亦未對人說，預知時至，只是將往生的日期及生平念佛的感應，寫在字條上，夾在《阿彌陀經》中。往生後，弟子門人才瞭解到他念佛修行的功德，這些都值得我們學習。

即便預知時至，也不是說你有多了不起，有多大的功德，這是由於我們至誠念佛，阿彌陀佛憐憫我等眾生，以種種方式諸如在夢中給我們預告一下，讓我們得到安心安樂。在這時候你也不要到處張揚自炫，我有多大本事，有這樣的躁妄心，大多要吃虧栽跟頭的。在甚麼時候往生，如何往生，你不要掛在心上。你只要至誠懇切，稱念佛名，阿彌陀佛慈悲不捨我這個苦惱的眾生，解決生死大事。至於度眾生一事，阿彌陀佛自然會有種種的善巧方便令眾生產生信心。我們業障深重的凡夫先解決自己的問題嘛！不要念念都想着表演給別人看，這之間或多或少、或顯或隱地夾着虛榮心，其結果自己真就成了鬧劇演員了。一些地方若干年來發生的幾起往生鬧劇，一則疑誤眾生，讓社會人士對佛教產生鄙視，另一方面也傷害了當事者本人，所以念佛行人的正信正見是不可或缺的。

18 問：我學淨土法門，也念佛。我覺得如果阿彌陀佛能經常示現讓人看到，人們對淨土的信心會增強的；念佛過程中阿彌陀佛能經常鼓勵，那念佛也一定會更加精進的；阿彌陀佛是大慈大悲的，為甚麼不這麼做，而讓人難以生起信心呢？

答：

念佛法門乃一切世間極難信之法。阿彌陀佛深知眾生難以起信，是故以名號光明加被我等業重眾生，令生信解。當吾人持念名號時，阿彌陀佛當下顯現在面前，因名號即具阿彌陀佛相好光明故。吾人只要一見阿彌陀佛，即可獲得決定往生的信心，即能橫截生死急流，永斷眾苦根株，最終圓成無上佛果。《觀無量壽佛經》中，韋提希夫人於第七華座觀中，見到虛空住立的阿彌陀佛，即獲如是大利。《無量壽經》中，釋尊慈悲加持，令阿難及與會二萬弟子眾見到阿彌陀佛及極樂世界莊嚴景象，亦獲如是大利。阿彌陀佛大慈大悲，大願大力，確實婆心切切，時時示現，令我等見。只是我等念佛，口念彌陀，心繫娑婆，泛泛悠悠，對這句佛號不能堅持長久地持念，天天在煩惱雜念堆中過日子，內

■《觀經——十六觀之華座觀圖》

心渾濁如黃河水，雖彌陀示現，亦無由見。猶如水清月現，水濁何由見月？只應反省自己未能深信切願，老實堅久地持念佛號，不可輒謂佛言無驗，佛心難感。伏冀自今日始，死盡偷心，老實念佛，每日持念或一萬，或二萬，或三萬佛號。有機緣，或打佛七，或做十日百萬佛號閉關。平日憶念佛號，心不離佛，佛不離心，堅持一念，如生鐵鑄成，渾鋼打就，如一人與萬人敵，如是久久，必然感通阿彌陀佛的慈心願力。但能一念感通，便可橫超三界，往生安養，直登不退轉位，穩成佛果，冀從這裏信入力行。

19 問：本來念佛應該越念越清淨，為甚麼越念越覺得雜念紛飛？

答：

雜念是病，佛號是藥。我們無始劫來，被無數妄念所纏繞，不可能初始念佛便能將雜念剷滅，這得經過一個刻苦精修的過程，方能太平。所謂「不經一番寒徹骨，怎得梅花撲鼻香？」能知道自己妄念紛飛，是一個進步。如果不念佛，整日妄念還渾然不覺呢！就像幸虧窗隙的陽光透入，我們才知道室內充滿灰塵一樣。同時，要相信，妄念本空，佛號功德真實，只須我們在妄念紛飛時咬住一句佛號，如一人與萬人敵，把得住，守得穩，如是堅久，自然雲薄霧輕，性天漸朗。要知道，我們心裏存的有善種子，也有惡種子。有時候不念佛好像沒事，一念佛時就把惡種子逼出來。遇到這種情況，不要以為是退轉。要一心依靠佛號，突破過去就有一個飛躍。曾經有一位同修，念佛很精進，曾經每天念三四萬聲。後來他也是遇到很多惡念翻騰出來，自己很害怕，就不敢念了。這是很可惜的！由此也可以看到學習教理的重要性。

20 問：東林寺為何確立淨土五經一論的聖言量和中國淨土宗祖師的著作為兩大參照系？

答：

東林寺作為淨土宗的祖庭，確立這兩大參照系意謂：念佛法門乃佛教中之不可思議的圓頓大法，其事理境界唯佛與佛方能究盡，是故宜以聖言量作為至高標準。佛陀在涅槃時所開示的四依法亦云：「依法不依人、依義不依語、依智不依識、依了義不依不了義。」世間的人每每將聖言量淡化處理，是因為對聖言量沒有深入、懇切的體悟，常常省心、省時地看看光碟、小冊子之類，知見混亂，莫衷一是。所以淨業行人一定要以聖言量作為判別知見是非邪正的標準。淨土宗五經一論就是我們所依據的根本經典，一定要把五經一論的佛之知見建立起來，才能生起我們的正信、正行。

第二個以淨土宗祖師著作作為參照系。能被後人推尊為淨土宗祖師者，悉是獲證念佛三昧、成辦往生的，是故讀祖師的著作可靠，依教修行，不致有走錯路、走彎路的風險。

淨土一法，唯佛無問自說。淨宗祖師依教奉行，得念佛法門之真實利益，教理行果在佛言祖語中完整體現，等同一味。是故我等淨業行人掌握佛言祖語的精髓，便獲得了判別是非的標準，其他邪知邪見及相似法在這面明鏡前便原形畢露。在這個見濁日熾的末法時代，提倡並實施淨土五經一論聖言量和祖師著作理念作為參照系，是非常有必要的。是故東林寺的弘法就是圍繞着這個核心來開展的。

21 問：《無量壽經》中所講的邊地疑城是個甚麼樣的地方？

答：

邊地疑城是一個比喻的說法，不要理解為西方極樂世界的旁邊有一個真實的城存在。「邊地」是八難中聞不到佛法的地方，稱為邊地。「疑城」亦指往生者夾雜疑心求生到極樂淨土，住在由識心所變現的城中，不能見佛法僧三寶，不能聞佛法，由此喻稱為邊地疑城。漢譯《佛說無量清淨平等覺經》載，中輩和下輩都有邊地疑城。比如有人曾相信念佛法門，也有過至少一日一夜的念佛功夫，然而中途他懷疑、後悔了。由於生起了疑障，便把其他的煩惱也激活了，甚至他連世間的善惡、因果報應也不相信了，於是便在五欲六塵中隨波逐流。就這樣的一個眾生，臨命終時，按他自己的業力因果來說，決定要墮三惡道的，但阿彌陀佛大悲願力不捨任一眾生，於是阿彌陀佛在他的夢中示現淨土依正莊嚴。這個眾生在夢中見到佛的顯現，頓然又歡喜、又後悔。歡喜的是西方極樂世界、阿彌陀佛還真的存在，如果我當時沒有疑悔退轉的話，那多好啊！他就帶着這一念後悔的心接續念佛，也能夠蒙阿彌陀佛慈悲願力加持帶業往生。但由於他有懷疑，他會往生到西方淨土界邊，自然看到一座縱廣約二千里的七寶城，心裏便大歡喜，止其城中，則於七寶水池蓮華中化生。應念而生種種資生用具，快樂如忉利天人。然於城中不能得出，亦不能見佛聞法。由不能見三寶，故類似於生到邊地。然邊地疑城乃往生者識心變現出來的，亦在西方極樂世界的本土。止住疑城時，阿彌陀佛仍然放光加持他。邊地往生者透過佛光來反省自己見不到佛、聞不到法、見不到菩薩聲聞僧的原因，乃是自己有懷疑，由此生起慚愧、懺悔心。懺除疑根，便從疑城出來，見阿彌陀佛了。可見，生到邊地疑城乃疑根所致，在疑城最遲五百年便可出來，這是屬於修中輩與下輩之淨業因行而夾雜疑心所致。

22 問：怎樣理解感應道交？

答：

「感應道交」是淨土法門的重要特質。感，是從凡夫眾生的層面來看，淨業行人信願持名為能感之機；應，是從佛的角度來看，阿彌陀佛的悲願威神為所應之法。能感與所應通過生佛平等的心性來傳導、互動、交融。通過同體的通道，就能召喚彌陀名號的德能，全攝佛功德為自功德。把握感應道交的原理，便能體認淨土法門的本質理念，信根、信力也能順利建立起來。得生與否，全憑能否感應。阿彌陀佛對我等眾生所應的救度力量十劫以前已成就，這種悲願威力也在吾人的念頭中；既然念頭具足，故能念之心與所應的佛力即時感通。阿彌陀佛整日伴隨着吾人，須臾不離。如同洪鐘待叩，亦如寂而不動之易體，感而遂通。阿彌陀佛願力亦復如是，是故淨業行人宜以至誠心念佛，便可望契入感應之道，成辦往生大事，萬修萬人去，斯語真實不虛。

23 問：何為見地？修淨土宗沒有見地能否往生？在修行整個過程中，如何處理見地、修證、行願三者的關係？

答：

淨土宗也講見地的，各宗各派都有見地的問題。見地就是我們的知見所能到達的一個地步。我們對淨土法門事理因果的瞭解所引發的信願，就是淨土宗的見地。沒有這種見地是很難產生信心的，很難生起厭離娑婆、欣求極樂的願心。如果沒有對娑婆世界苦、空、無常、無我的切實瞭解，對於西方極樂世界在我們一念當中完整具足，是涅槃的常樂我淨的事相上的表達，沒有這些見地的話，包括真空妙有的中道智慧的把握，是不可能產生真正的信願的，你的信根就很難建立。沒有信根就不會有力量，於是就會懷疑，就會受很多的別解、別行的法門所動搖。所以淨土宗是非常重視見地的，見地就是信願。能否往生的關鍵取決於信願，見地、修證與行願密不可分。你見到甚麼程度，也就是你信到甚麼程度，你的願才能懇切到甚麼程度，你執持名號的功夫才能到甚麼程度，這裏面就是淨土宗修因證果的完整表達。

然而淨土法門見地的建立，主要是仰信佛語。比如，能確信釋尊所說：「從是西方，過十萬億佛土，有世界名曰極樂。其土有佛，號阿彌陀，今現在說法。」並依信

■廬山東林寺之聽明泉

願，執持名號，即是以佛知見為己知見。老實持名念佛就是佛的第一弟子。在日常生活當中，我們要念茲在茲，要把我們所見聞覺知的一切境界都作為往生淨土的增上緣。一切的逆境成就我們的厭離心，對極樂世界依正莊嚴的熏習，增強我們的欣慕心；順、逆境界都是成辦吾人往生的好境界，往生成佛度眾生，這樣的修道生活即是沐浴在阿彌陀佛光明中的快樂生涯。念佛人乃人中妙好人，斯語不虛。

24 問：如何理解「舍利弗，不可以少善根福德因緣得生彼國」？

答：

《阿彌陀經》的這句經文宜從淨土法門「以果地覺作因地心」的特點加以理解。有些人會自然地從通途教理來理解善根福德，認為往生西方淨土，就一定要培植甚深的善根，積累廣大的福德，否則便不能往生。這種理解並不符合這句經文的法義。蕅益大師深契佛心，於《彌陀要解》中有一精闢的詮釋：阿彌陀佛以大願作眾生多善根之因，以大行作眾生多福德之緣，令信願持名者，念念成就如是功德。證知吾人信願持名，即是多善根多福德，乃善中之善，福中之福，是以佛的大願作為我們因地修行之因心，以佛的名號具足的大行作為我們因地修行之強緣。這是阿彌陀佛以其果地上的功德加持我們，我們凡夫眾生只要信願接納、感應道交，即可成就往生大事。

25問：請開示「如染香人，身有香氣，此則名曰香光莊嚴」的經義。

答：

這是《大勢至菩薩念佛圓通章》中的經文，大勢至菩薩向釋尊稟白以念佛法門契證圓通的過程。念佛法門是從佛的果地上起修的，把阿彌陀佛大願大行所積累的無量功德，作為吾人修行的因心。這無量的功德是透過六字洪名傳達給行人的，能令行人頓獲如來藏的功德，喻為「如染香人」。這個「香」是五分法身之香，即「戒香、定香、慧香、解脫香、解脫知見香」。凡夫眾生本來也有這樣的五分法身之香，但由於煩惱無明厚重，無由顯現。由此，阿彌陀佛施設稱念佛名之勝異方便，託彼名號果德，顯發行人性德。就好像身上沒有香的人，日日置於香木房中，他自然就染上香氣了。具縛凡夫，稱念佛名，亦復如是。聲聲佛號，召喚阿彌陀佛的功德，就染上了佛的香。於是凡夫業報身就具有了阿彌陀佛的五分法身的香味，這就是「身有香氣」。佛的果地上的功德就莊嚴着念佛人的心，以五分法身之香、般若智慧之光來莊嚴念佛者的身心，這就是「香光莊嚴」。是故，這三句經文把念佛法門名具萬德、名召萬德、全攝佛功德為自功德的奧義和盤托出，吾輩淨業行人當依教奉行。

26 問：一些講法者在講法的時候，特別強調冤親債主的問題，認為如果沒有解決好與冤親債主的關係，在臨命終時就會受到冤親債主的障礙而無法往生。請對此問題慈悲開示。

答：從通途教理來看，冤親債主常於臨命終時，詐親含笑，導引人的神識入三惡道，所以亟須懺悔業障。然而念佛法門與此不同，那就是阿彌陀佛具有救度眾生的大威神願力。當我們執持名號的時候，名號裏面內具的阿彌陀佛光明就在護佑行人，行人五陰魔、外面的天魔，乃至多生多劫的冤親債主是靠攏不了的。如果我們念佛的時候，冤家債主

■〔西夏〕《大勢至菩薩絹畫像》

還能找我們的麻煩，能障礙我們往生，那就說明阿彌陀佛救度我們的力量是有局限的，實際上不是這個樣子。如果我們先要解決冤親債主這種業障才能往生，那我們這些煩惱眾生就難得有幾個能往生。因為無量劫以來，我們結了多少冤親債主啊！別說是多生多劫，就說今生，我們罵人、得罪人的事情做得還少嗎？所以我們只是說：隨緣消舊業，更不造新殃。今生開始學佛了，知道冤親債主是有障礙的，所以我們要化冤解怨，同時也深感冤親債主的障礙我們在短時間內難以解決，那麼就請阿彌陀佛幫我們解決。我們投到阿彌陀佛那裏去，就好像欠了很多債的人，與國王是親戚關係，於是便躲進皇宮，這些債主沒有可能到皇宮裏找你的麻煩。這就比喻我們信願持名，有彌陀光明的護佑，就好像得到了皇帝威神的保護力量，所以不必擔心。帶業往生乃念佛法門的特質，更何況至心念佛一聲，能滅八十億劫生死重罪。吾人但至誠懇切念佛，悉可蒙佛接引，帶業往生，無須擔憂冤親債主的問題。

27 問：善導大師的弘願門是怎麼回事？

答：

善導大師是中國淨土宗第二代祖師，他在《觀經四帖疏》玄義分中，敘述釋迦牟尼佛因韋提希夫人之請，「即廣開淨土之要門」，阿彌陀佛在釋尊演說淨土法門過程中，「顯彰別意之弘願」。其要門的主要內容，是定善十三觀與散善三福九品往生章。而「弘願」的內涵是如《無量壽經》所示，一切善惡凡夫得生者，莫不皆乘阿彌陀佛大願業力為增上緣。細味善導大師這段精闢的開示，可以明瞭弘願的涵義，與要門的釋義是一體交融的，不是將弘願與要門打成兩橛的。定善十三觀的觀想念佛與觀像念佛，無阿彌陀佛弘願加持，亦難以成就。九品往生章中，無論是上品上生，還是下品下生，都是憑着阿彌陀佛的願力加持往生的；上智下愚、善人惡人，悉由弘願所攝受。所以阿彌陀佛弘願是貫穿、融攝於要門始終的。讚歎要門，即是讚歎彌陀弘願；推尊彌陀弘願，即是倡導釋尊要門。眾生根機、樂欲不同，隨機說法側重面亦宜不同，無須高揚弘願，貶抑要門。

■《佛陀誓願圖》吐魯番伯孜克里克石窟

須知，阿彌陀佛「顯彰別意之弘願」，阿彌陀佛與觀音勢至，於第七觀顯現於虛空，向韋提希夫人傳達慈悲願力：淨業行人可以讀誦大乘經典往生，可以隨修淨業三福往生，但更核心的是「信願持名」，往生更究竟、更圓滿、更快速，更符合佛的度生本懷，所以要處處彰顯信願持名之勝異方便。然為體現淨土普攝一切眾生的特點，釋尊開顯的要門攝機更廣。然無論是執持名號往生，還是以宗門教下的修行功德迴向往生，都有阿彌陀佛弘願的加持。所以一切眾生往生，都是靠阿彌陀佛弘願加持得以成就，要門和弘願相輔相成。

28 問：佛針對不同根機的眾生講了八萬四千法門，現在都講「一門專修」，這和「法門無量誓願學」是不是矛盾？

答：

「法門無量誓願學」出自菩薩四弘誓願，四弘誓願乃是從苦、集、滅、道四聖諦昇華出的偉大的菩薩精神。作為大乘行人，一定要生發這個誓願，用作吾人盡未來際行菩薩道的動力。然我們亦要瞭解自己的根機水平：處於五濁惡世的吾人，智慧淺薄，福德陋劣，壽命短暫，身心浮躁，生存壓力大，一門專修都難以深入堂奧，何敢侈談八萬四千法門都要通達呢？所以我們應樹立這樣的知見：先發「法門無量誓願學」的大願，為滿此大願，宜選擇念佛往生淨土法門，一意專修。待信願稱名感通佛力，往生到西方極樂世界，便能聆聽阿彌陀佛講經說法，能聽觀世音、大勢至等諸大菩薩講經說法。不唯正報佛菩薩能講經說法，乃至依報之水、鳥、樹、樂器等都能講經說法。亦能分身無數到十方無量世界，去聽無量諸佛講經說法。這時，「法門無量誓願學」才有實質性的內容。所以一門專修與廣學法門二者並不矛盾。為了圓滿「法門無量誓願學」之大願，吾人亟須求生西方極樂世界。這不僅不矛盾，乃相得益彰。

29 問：《無量壽經》阿彌陀佛四十八大願中，有「國中天人」「國中聲聞」「國中菩薩」，請問這些有甚麼區別？

答：

阿彌陀佛四十八大願是面對九法界眾生所發的悲願，是故種種品類的眾生悉能在阿彌陀佛大願海中獲致其相應的利益。《無量壽經》中於往生者的稱謂，多是順其往生前的身份以及生到極樂淨土斷惑的程度而建立。比如國中天人，是指往生之前在天道、人道裏信願念佛的帶業往生者，所以就稱為國中天人。國中聲聞，是指他方世界信願持名、伏斷見思惑的往生者，或如舍利弗、大目犍連等阿羅漢，聞信淨土法門，迴小向大的往生者。國中菩薩，是指他方世界破無明的法身大士（類等圓教三賢十地位）往生者。《無量壽經》所述，如是國中天人、聲聞、菩薩數量甚多，非算數譬喻所能知。這些往生者往生前的身份、資質有偌大差異，然一經往生到極樂世界，悉能得到不退轉地，平等、速疾地圓成大乘佛果。

30 問：阿彌陀佛攝生三願是否是針對三種不同根機眾生而發？這三願的異同如何理解？

答：

阿彌陀佛的四十八大願是針對十方無量根機的眾生而發的，裏面有攝凡夫眾生的願，也有攝他方世界菩薩的願。而攝受眾生往生的願，便集中在十八、十九、二十這三願中。對這三願，自古迄今，有種種不同的界說。盲人摸象，雖不及大象全體，或能觸及局部，然亦不必以偏概全。總言之，往生的先決前提是信願，乃《觀經》中所述三心：至誠心、深心、迴向發願心。這三心內涵亦是貫攝於此三願，即十八願表述為「至心信樂欲生」，十九願表述為「至心發願欲生」，二十願表述為「至心迴向欲生」，此乃三願之共同點。

然就三願之不同點來看，在信願行的側重面上各有不同。十八願側重於信願感通，單刀直入，從信願核心點建立，一念淨信即得往生，在行持上，只提「乃至十念」（當然盡形壽念佛，多多益善亦佳）。十九願側重於發菩提心、修諸功德，含攝宗門教下各大修行人，如生前住持法道，弘揚佛法，歿後徑登安養者。二十願側重於念佛的功夫，矻矻修行，亦不捨通途教門，然亦以此功德迴向，期冀增上品位。

這三個側重點也含攝十方眾生，三種根機的眾生，阿彌陀佛在因地發願時，悉皆細心地照顧到了，悉皆平等普攝三類眾生安隱生到淨土。可以說，三願乃對機的差異，不必強分優劣。作為淨業行人，在往生淨土條件上，抓住十八願的信願核心，在日常的修為上，取法十九、二十願的內蘊，可不眾美畢具了嗎？

31 問：甚麼是自性？「自性眾生誓願度，自性煩惱誓願斷，自性法門誓願學，自性佛道誓願成」，該怎麼理解？既然說自性本來清淨，為甚麼還有自性煩惱要斷呢？

答：

自性即是吾人現前介爾一念之真如本性，真如本性清淨本然、周遍法界、含裹虛空法界，西方極樂世界也不在自性之外，亦可稱為實相。四弘誓願從事相上去發，就是「眾生無邊誓願度，煩惱無盡誓願斷，法門無量誓願學，佛道無上誓願成」，從理性上發出的四弘誓願即為上述四句。如何理解「自性眾生」？吾人自性就包含着一心二門：「心真如門」和「心生滅門」。「心真如門」即是吾人自性清淨本體，緣起性空。「心生滅門」就是從體起用，性空緣起。自性裏面具足世間和出世間一切的善法，自性一念無明妄動起便轉化為阿賴耶，阿賴耶識中清淨與染污相雜。我等凡夫每天會有很多妄想，這些念頭也都是緣生法，幻起幻滅，吾人通過持戒念佛將貪瞋痴的念頭轉化為清淨平等覺性的念頭，即是在度自性的眾生。八萬四千法門乃至恆河沙的法門在吾人自性中具足，所謂破一微塵出三千大千世界經卷。吾人通過戒定慧與執持名號的修行，破除分別執着，顯發自然智、廣大智，即是「自性法門誓願學」的含義。「自性佛道誓願成」的含義是：佛道奧藏不離吾人現前介爾一念之心，即心即佛，即佛即心，是心作佛，是心是佛，能把吾人自性清淨心彰顯出來，即是「自性佛道誓願成」。以上是從理上來談四弘誓願，再輔之以發出事相上的四弘誓願，那菩薩的大願就算是理事圓融了。

32 問：我較深入地接觸佛法有半年多的時間了，別的師兄們好像都有一些問題，我好像沒甚麼問題可問，我為甚麼會是這種狀況呢？

答：

沒有甚麼問題好問，那很好呀！你是大善根。沒有甚麼問題好問有兩種情況：一種是上智利根，宿世善根深厚，一切問題都解決了，沒有烏雲，晴空萬里；還有一種是下愚，想不出問題，也不需要問問題。實際上，無論你是上智還是下愚、有或沒有問題，最重要是看你對於佛法有沒有堅定的信心。比如說，對念佛求生西方極樂世界，你有沒有決定的信念和踏踏實實的行為。如果行持都能夠上軌道，而且沒有一點懷疑，那你就不需要提問題了，實際上就是這麼簡單，就是這麼現成。因為佛性就像空氣和陽光一樣，難道我們還要對周邊的空氣和陽光提很多問題和要求嗎？諸如：空氣在哪裏呀？氧氣怎麼構成的？我們一定要提那麼多問題幹嘛？當我們提這麼多問題的時候，實際上就是周邊環境已經讓我們有窒息的感覺的時候。諸如：這是甚麼情況呀？氧氣怎麼回事呀？現在氧氣這麼缺少，我是不是要到「氧吧」去呀？是不是氧氣還要變成商品進行買賣呀？一下子甚麼問題都來了。如果沒有問題，說明是正常狀態，我們本來生活在正常的狀態當中。換句話來說，就好像我們離不開空氣陽光，但我們不會對空氣陽光的存在以及空氣陽光給予我們的恩德去提甚麼問題。阿彌陀佛的大悲願力也像這樣的空氣陽光，我們沐浴在他身邊，他對我們就是一個很實實在在的存在，他給予我們的恩德我們接納了很多，都讓我們意識不到他的恩德的存在，這就是正常情況。所以我們對此不提問題，提不出問題，也不需要提問題，就是正常現象。當你有問題的時候就得解決問題，沒有問題你就好好顓蒙念佛。死盡偷心，老實念佛，如是便可暗合道妙，巧入無生，必得往生。大智若愚，愚不可及。

33 問：《壇經》中說：「西方人造罪，念佛求生何國？」如何理解？

答：

《壇經》是六祖慧能的開示，由門人所記錄下來的典籍。六祖繼承達摩祖師禪宗的家風，不立文字，以心印心，一切開示悉皆指歸向上本分，剿滅學人分別對待之情執。其接引學人的方便，多用遮詮掃蕩的風格。吾人切忌執指為月，錯會祖師之意。即如「東方人造罪，念佛求生西方，西方人造罪，念佛求生何國？凡愚不了自性，不識身中淨土，願東願西；悟人在處一般」這種開示，正是要學人消泯東方與西方、善與惡的對待，回歸到不二的心性，不可將此作為實法去理解。須知西方極樂世界的往生者，離開身見、我執，相好光明等同佛，無有行惡之名，更無造罪之實。故知六祖這類開示是禪宗的門庭施設，欲令學人念佛因心先淨，則所依報土自淨，而不令學人求往生，此是遮詮。而淨宗祖師勸人信願念佛往生阿彌陀佛淨土，則因心自淨，故教誨眾生發願求生，此是表詮的教示方法。二者相得益彰，俱符佛意，是故不可以禪宗的話語來否定念佛求生淨土的事理。

34 問：請開示「生則決定生，去則實不去」的含義。

答：

這是天衣義懷禪師所說。義懷禪師於宗門開悟後，常修淨土，並以念佛法門勸人修持。一日，問諸學人：「若言捨穢土取淨土，厭此土欣彼土，則是取捨之情，眾生妄想（於宗門所不許）；若言無淨土，則又違背佛語。修淨土者，當如何修？」諸學人無言以對。天衣義懷禪師即自答云：「生則決定生，去則實不去。」又如：「譬如雁過長空，影沉寒水；雁絕遺蹤之意，水無留影之心。」禪師的這段開示，將念佛的理與事作了透徹而圓融的闡述。「生則決定生」是從事相上說，行人只要信願持名，一定能蒙阿彌陀佛願力加持往生淨土。「去則實不去」則是從理上說的，西方極樂世界不出吾人介爾一念之外，真如妙心清淨本然，無有去來之相。一心具二門，由「心生滅門」故，有往生之相；由「心真如門」故，不來不去，實無去者。無生而生，生而無生，理事雙備，絕待圓融。誠如省庵大師臨終示偈：「身在華中佛現前，佛光來照紫金蓮。心隨諸佛往生去，無去來中事宛然。」淨業行人於斯思惟，可領略淨宗第一義諦，增上往生品位。

35 問：請開示念阿彌陀佛名號與菩提心的相互關係。

■〔宋〕天衣義懷禪師

答：

能深信發願執持彌陀名號即無上菩提。何以故？以信願莊嚴阿彌陀佛名號，即能感通阿彌陀佛光明願力，成辦往生極樂淨土之大事。一俟往生，即得阿鞞跋致，一生疾速成佛，亦能獲得如阿彌陀佛一樣的悲願神力，廣度十方一切眾生，是故淨宗念佛往生成佛度眾生即是無上菩提心。這是淨宗對菩提心的獨特而直截的詮釋，與通途菩提心有同有異。然有人說，若不發菩提心即不能往生，此觀點大多是站在通途教理而立論，淨業行人須細加明辨。須知，往生的必要條件是信願，通途菩提心能發起來固然好，能增上往生品位（如《觀經》所示上輩三品須發菩提心），然有一類行人未曾發通途菩提心，但具足信願稱名，亦能往生，到極樂彼土發通途菩提心（《觀經》所示下輩三品往生者即是）。是故從佛經聖言量來看，淨業行人當更注重深信切願，因「深信發願即無上菩提」（蕅益大師語）故。

36 問：請解說《觀經》中「佛告阿難，汝好持是語。持是語者，即是持無量壽佛名」的涵義。

答：

這是《觀經》流通分付囑之文。據善導大師《觀經四帖疏》所述，釋尊對阿難的付囑文，正是闡明付囑阿彌陀佛名號，令阿難尊者明記複講，流通於將來末法時代。前面經文宣說了定善十三觀與散善三福九品，然推究釋迦、彌陀兩土世尊的本願、心意，欲令眾生一向專稱阿彌陀佛名號。何以故？阿彌陀佛乃萬德洪名，含攝定散十六觀所有的功德，以及阿彌陀佛普度九法界眾生的威神願力。是故《觀經》雖以觀佛三昧與念佛三昧為宗旨，然究實仍是以信願執持名號之念佛三昧為宗。

37 問：我們往生到極樂世界後，惡業種子不起現行，那這些惡業最終會怎麼樣呢？

答：

首須瞭解何謂惡業。惡業是吾人虛妄心識鼓動身口意三業造作出來的，故知惡業乃緣生法，無有自性。西方極樂世界是阿彌陀佛願力所流現的法性土，阿彌陀佛曾發「國中無三惡道願」，所以往生者雖有三惡道的惡業種子，但畢竟不起現行，極樂世界沒有三惡道的實際果報。往生到極樂淨土，便能得阿鞞跋致，顯發實相的性德，便能懺除惡業的種子。誠如《佛說觀普賢菩薩行法經》云：「一切業障海，皆從妄想生。若欲懺悔者，端坐念實相。眾罪如霜露，慧日能消除。」造作五逆十惡重罪即將下阿鼻地獄的眾生，臨終遇善知識教令念佛，即得往生極樂世界。於蓮華中滿十二大劫，蓮華方開。觀世音、大勢至以大悲音聲為其廣說諸法實相，除滅罪法。聞已歡喜，應時即發菩提之心。證知一俟往生，所有罪業種子蒙佛菩薩教誨加持，便如熔爐片雪，得以消除，業盡情空，疾證佛果。

38 問：《大勢至菩薩念佛圓通章》有這樣一段經文：「二人相憶，二憶念深，如是乃至從生至生，同於形影，不相乖異。」「從生至生」的第一個「生」和第二個「生」分別是甚麼意思？

答：

在《大勢至菩薩念佛圓通章》裏面，大勢至菩薩報告自己修行念佛三昧的修證經驗。首先敘述念佛的心態，建立能念之心與所念之佛的關係，如親友、如母子。阿彌陀佛十劫以來，如親友、如慈母一樣憶念吾輩眾生，而吾人在三界六道輪迴迷惑顛倒，渾然不覺。今生宿世淨業善根發現，信願稱名，如子憶母，母子相憶，互滲相即。

眾生與阿彌陀佛天性同體相關，阿彌陀佛悲願慈力便將此念佛人攝取不捨，令其臨終時徑登極樂淨土，親炙阿彌陀佛，聞法修行，得阿鞞跋致（不退轉位），直至一生成佛。阿彌陀佛如同「形體」，念佛眾生如同「影子」，有形必有影。往生到極樂世界，我等眾生就如同「影子」（帶質境），永遠與阿彌陀佛報身（本質境）不相乖違，不相離異。由此可見，「從生至生」的第一個「生」，以淨業行人今世的業報身，信願持名，感通佛力，臨命終時蒙佛接引，蓮華托質往生。第二個「生」，是往生彼土七寶池八功德水中，蓮華開敷（有時間遲速的差異），具佛的相好光明，金剛那羅延身的「生」，稱為「正覺華化生」（天親菩薩語）。

39 問：萬法不離自性與一切法無自性，這裏的兩個自性相同嗎？

答：

對自性的理解，要看上下文的語境。比如「心」這個概念，有時是指肉團心，有時是指緣影心，有時是指妙明真心。由上下文境作相應意思的取捨。這裏所說的「萬法不離自性」的自性，是指自己的本性，亦即本來具有的佛性，意謂心外無法，一切萬法僅為自己本性之自心所變現，三界唯心、萬法唯識乃是大乘佛教的重要法義。誠如《華嚴經》所云：「心如工畫師，畫種種五陰。一切世界中，無法而不造。」

而「一切法無自性」的自性，是指自體之本性，唯識家多指稱為自相，即諸法各自具有真實不變清純無雜之個性。然站在大乘中觀的立場來觀照，諸法皆由因緣所成，而無一定之自性，故自性即空。誠如龍樹菩薩所云：「因緣所生法，我說即是空，亦名為假名，亦是中道義。」緣起性空，性空緣起，空有不二，空有一如，即是大乘中道了義。故云一切法無自性、畢竟空、無所有，一切法如夢、如幻、如化、如泡、如影。在畢竟空中，熾然建立因果的法則，廣修菩薩六度萬行，即能成就阿耨多羅三藐三菩提。故知萬法不離自性與一切法無自性兩個自性的內涵指稱不同，不可混訛。

40 問：《觀經四帖疏．玄義分》講：「依心起於勝行，門餘八萬四千。」請問「門餘八萬四千」的含義是甚麼？又有人云淨土法門是「門餘大道」，二者如何辨識？

答：

善導大師在《觀經四帖疏．玄義分》述曰：「依心起於勝行，門餘八萬四千。漸頓則各稱所宜，隨緣者則皆蒙解脫。」細味文前「歸三寶偈」所述：「今逢釋迦佛，末法之遺跡，彌陀本誓願，極樂之要門，……今乘二尊教（註：即釋迦、彌陀二佛之教），廣開淨土門。」以及後文所述：「然娑婆化主（註：即釋尊），因其請故（註：因韋提希夫人請往生之法故），即廣開淨土之要門。」從上下語境來看，「門餘八萬四千」是謂淨土要門之外的八萬四千法門，即靠自力修行的通途大道，其中有漸教、頓教，如是教法應眾生根機施設，有緣眾生隨宜修學，悉能獲得斷惑證真、解脫生死之法益。

善導大師站在淨土宗本位之立場，以楷定古今的氣概，判言念佛往生一法為要門、為真門、為真宗；專依往生經行行者，是名正行；專稱佛名，是名正定之業。善導大師常將淨土要門與通途教法之難易加以比照，勸勉大眾念佛往生。其《般舟讚》偈曰：「佛教多門八萬四，正為眾生機不同。欲覓安身常住處，先求要行入真門。門門不同名漸教，萬劫苦行證無生。畢命為期專念佛，須臾命斷佛迎將。」意謂：釋尊一代時教宣說的教法多達八萬四千，正是由於眾生根機不同而加以施設。然欲避無常生滅之苦，得安身立命之無憂惱處，當務之急宜求緊要之行法，入淨土之真門。通途八萬四千法門，悉名自力修行之漸教，要經一萬大劫勤苦修行，才能修至十信滿心，證得無生法忍（不退轉位）。而念佛一法，即此當生，或盡形壽，或七日一日，乃至十聲稱名念佛，臨命終時，阿彌陀佛與觀音勢至聖眾等前來接引，即得往生極樂淨土，華開見佛，即悟證無生法忍。可知萬劫苦行為漸教，一生成辦為頓教。通途八萬四千法門修行之難，與隨順佛願念佛往生證果之易，昭然若揭。

《般舟讚》又偈云：「得免娑婆長劫難，特蒙知識釋迦恩，種種思量巧方便，選得彌陀弘誓門。一切善業回生利，不如專念彌陀號，念念稱名常懺悔，人能念佛佛還憶。」意謂：今生幸得念佛往生法門，脫免娑婆穢土長劫輪迴之厄難，此乃特別仰蒙大善知識——本師釋迦牟尼佛的恩典。釋尊為度我等眾生出離三界火宅，一生疾速成佛，觀機逗教，種種思惟，善巧方便，為我等選擇了阿彌陀佛大悲願力平等普度一切眾生的勝妙法門。在淨業修持中，雖然以一切世間出世間善業功德迴向，也能得到往生彼土之利，然總不如信願專念彌陀名號來得直捷而究竟（因阿彌陀佛因地曾發以名號度眾生之誓願故）。淨業行人常以慚愧懺悔心念念執持名號，阿彌陀佛亦在憶念如是念佛人。二憶念深，自然如磁鐵吸針，任運攝取眾生往生彼土。可見，在吾人煩惑染着的心中，但置一信願持名之心，即轉眾生界緣起為佛法界緣起。這與一切通途修道門相較，堪稱點鐵成金極妙之法，此乃淨宗以佛果地覺作凡夫因地心，因賅果海、果徹因源之特質所致。

至於「門餘大道」概念，考諸中國淨宗祖師大德，並無一人提出，查《三藏法數》（明．釋一如）與《佛光大辭典》亦無此名目。唯丁福保所編《佛學大辭典》有此條目，云：「門餘大道是指在八萬四千法門外他力念佛之大道也。念佛為因果超絕之教，道理以外之法，不可思議之道也，故名。」印光大師曾指出過丁福保所編的此辭典之誤，云：「丁福保所輯之佛學大詞典，其名相甚博，而於考究殊欠詳審。大約卅中必有一訛，唯通家方可瞭別，否則或致由彼致誤（此依東洋人之成書而增訂者，用洋碼1234567890皆洋字，不識洋字，便無從下手）。」（《三編上冊・復寧德晉居士書七》）證知「門餘大道」之提法，或出自日人，近人粗心大意，以訛傳訛，遂將此概念內涵以為「正確」，實在是從根本上有違於淨土宗教義，與善導大師及中國淨宗之諸祖師的思想相悖。

何以故？淨土法門圓收一切法門，亦圓超一切法門。釋尊一代時教，始自《華嚴》，普賢菩薩以十大願王導歸極樂，末後《法華》，聞即往生，位齊等覺。則誠如蕅祖所云：「華嚴奧藏，法華祕髓，一切諸佛之心要，菩薩萬行之司南，皆不出於此（即《阿彌陀經》所示念佛法門）矣。」淨土法門，三根普被，利鈍全收，特彰諸佛惠以眾生真實大利之悲心，欲令九法界眾生信願稱名，同登極樂，共證真常。九界眾生離此法，上不能圓成佛道；十方諸佛捨此法，下不能普利羣生。所以往聖前賢，人人趣向，千經萬論，處處指歸。誠如徹悟大師所云：「一句彌陀，我佛心要，豎徹五時（註：五時說法，即華嚴時、阿含時、方等時、般若時、法華涅槃時），橫該八教（註：化法四教——藏、通、別、圓。化儀四教——頓、漸、祕密、不定）。」印祖亦讚歎：「誠所謂一代時教，皆念佛法門之註腳也。」（《增廣文鈔卷一・與悟開師書》）證知淨宗正屬圓頓之教，五時通說，八教俱攝，如來正說，教內真傳，何得目為「門餘大道」？

淨土法門之功能力用之所以超勝一代時教、一切通途法門之上，以一切法門皆仗自力，斷惑證真，方得了生脫死。念佛法門，自力佛力，二皆具足，故得已斷惑業之聖者，往生彼土，速證法身；具足惑業之凡夫，仰蒙佛力，帶業往生，一俟生彼，即得阿鞞跋致（三不退轉位）。其法極簡易平常，雖愚夫愚婦，老實念佛能得往生之利益。亦復極玄妙頓捷，縱等覺菩薩，亦不能出其範圍。誠如蓮池大師讚云：「餘門學道，萬里迢遙；念佛往生，古稱徑路（註：疾速成佛之徑路）。」蕅祖亦讚歎淨土法門乃「方便中第一方便，了義中無上了義，圓頓中最極圓頓」（《彌陀要解》）。

■〔日本室町時代〕《聖眾來迎圖》密西根大學博物館藏

綜上所述，善導大師將淨土法門判為一代時教之要門、真門，而通途八萬四千法門被視為「門餘」，與中國歷代淨宗祖師的見地，可謂同一鼻孔出氣。此所內蘊的判教觀念，幫助我等眾生建立淨土正信正見，恩德宏深。吾輩淨業行人唯有仰信奉行，何得師心自用，臆見紛陳？

最後，有徹悟大師《念佛堂釋迦佛像讚》云：「三藏汪洋，五乘浩渺。惑亂眾生，猶更嫌少。開念佛門，倒也卻好。只有一事，計較宜早。若到他年，廣行此道。娑婆界空，事或難保。香無人焚，地無人掃。當與麼時，不得懊惱。」此讚寓淨土深義於戲謔幽默之中，吾輩淨業同仁若能默契於心，璨然一笑，於淨土無上大利或能直下領荷。

三、實修篤行

■〔日本平安時代〕《普賢菩薩像》

01 問：我沒有皈依，但我這十幾年來，每天只要在家，第一件事就是點上三根香，但就是很懶，有時候一覺睡到下午，燒香沒有固定時間，請問這樣是否不好？

答：

由於你還沒有皈依，我們也不想用更高的標準來要求你了。你沒有皈依還能想到在佛面前點三根香，已經不錯了，但如果要從修行的角度來衡量，你的上述行為是不好的。首先，你放縱了你的懶惰，說明你的求道之心還沒有上來。懶惰、放逸是眾生與生俱來的煩惱，權且不說你學佛修道，就是做世間的事業，這個懶也會決定你是一事無成的。燒香你沒有規定時間，說明你這個人生活沒有規律，沒有秩序，沒有管住自己的決心。所以從世間法來看，也是不好的。那怎麼辦？你既然燒香，就規定好時間。你怕睡覺睡得太晚，就放一個鬧鐘在那裏，鬧鐘響了，你馬上起來。睡覺只要恢復體力即可，不可將睡覺當作享受。一寸光陰一寸金，當勤精進。

現在你既然接觸到佛法，須知人身難得，佛法難聞，你應進一步地求受三皈依，祈求佛法僧三寶的加持。要把你懶惰、放逸的毛病改掉，規定時間點三根香。不僅點三根香，你還要開始規定一個功課，要念佛。點香之後你最少要拜三拜吧！拜三拜，你最少要念十聲「南無阿彌陀佛」吧！念完十聲「南無阿彌陀佛」，再拜三拜結束。你不能點了三根香就沒事了，要轉換自己的念頭。怎麼轉換？用至誠恭敬心。

我們點香，我們禮拜，這是至誠恭敬心，然後又加上念「南無阿彌陀佛」。當要懶惰、放逸的時候，你就跪在佛面前說：「我怎麼這麼糟糕啊！請佛菩薩加持，讓我改掉懶惰的習慣。」每天睡覺最好不要超過六個小時，你把放逸、懶惰的毛病改掉。古聖先賢諄諄教誨我們不要放逸，要勤精進，這樣我們才能成為對社會、對家庭、對眾生有用的人才。

02 問：念佛法門下手易而得效速，三根普被，利鈍全收。持名念佛確實是修持淨土法門的一種非常便利直捷的方法。那麼，在持名念佛時，念六字洪名和四字佛號有何不同？有哪些持名念佛的方法可以採用呢？

答：

持名念佛念六字或四字並無大的區別，總在念佛人的習慣、方便、歡喜而定，但都必須如印光祖師講的：在真信切願的基礎上至心執持，無論行住坐臥、語默動靜、穿衣吃飯及大小便利等，總不離此六字洪名（或四字持亦可）。必須令其全心是佛，全佛是心，心佛無二，心佛一如。若能念茲在茲，念極情忘，心空佛現，則於現生之中便能親證三昧。

娑婆眾生，耳根最利，意根功德最全，故應在制服耳根與意根上下功夫。先利用

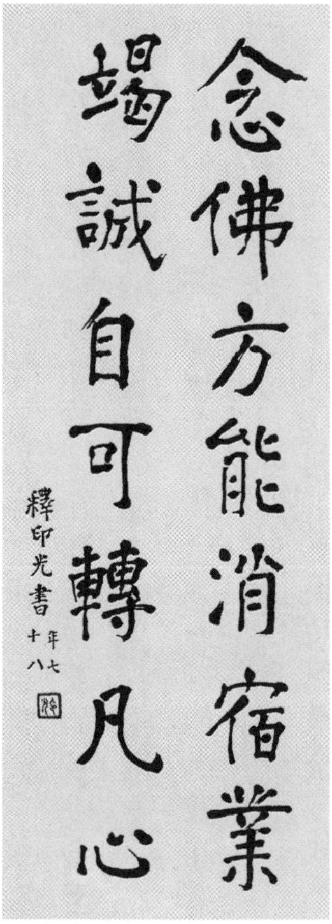
念佛方能消宿業
竭誠自可轉凡心
釋印光書
年七十八

■印光大師墨寶

耳根聽佛聲，以意根或記數或作觀想，攝住耳根與意根，其他諸根自然臣服。所謂「一根既返源，六根咸解脫」。

念佛方法甚多，茲略述三五，以備淨業同修選用：

一、簡易十念法

每日清晨服飾已後，面西正立，合掌，連聲稱阿彌陀佛，盡一氣為一念。如是十氣，名為十念。但隨氣長短，不限佛數，唯長唯久，氣極為度。其佛聲不高不低，不緩不急，調停得中。如此十氣，連續不斷，意在令心不散，專精為功故。名為十念者，顯是借氣束心，心自不散。但須隨氣長短，不可強使多念，強則傷氣。只可十念，不可二十三十，多亦傷氣。如加早晚十念，或早午晚三次亦可。如家有淨室或佛堂，仍須對佛像焚香禮拜，立念跪念均可。十念法是慈雲懺主依據阿彌陀佛第十八願的意趣，為事務忙碌者所立，實為無論僧俗閒忙均可奉持之法。楚石禪師晨朝十念，終身不缺；幽溪大師奉為日課，至老不休。此法能制心一處，一心念佛，決定往生。念數雖少，功德頗深。

二、十念記數法

印光大師為對治妄波沸湧而立。當念佛時，從一句至十句，須念得分明，仍須記得分明。至十句已，又須從一句至十句念，不可二十三十，隨念隨記，不可掐珠，唯憑心記。若十句直記為難，或分為兩氣，則從一至五，從六至十。若又費力，當從一至三，從四至六，從七至十，作三氣念，念得清楚，記得清楚，聽得清楚，妄念無處着腳，一心不亂，久久自當得之。此十念記數法與晨朝十念法，攝妄則同，用功大異。晨朝十念，盡一口氣為一念，不論佛數多少。此以一句佛為一念。彼唯晨朝十念則可，若二十三十，則傷氣成病。此則念一句佛，心知一句；念十句佛，心知十句；從一至十，從一至十，縱日念數萬，皆如是記。不但去妄，最能養神。隨快隨慢，了無滯礙；從朝至暮，無不相宜。十念記數，以全心力量施於一聲佛號，雖欲起妄，力不暇及，此攝心念佛之究竟妙法。

三、持名與觀想合修

凡於行住坐卧時，則一心執持名號，凡於蒲團上跏趺靜坐時，則心心觀想佛像與淨土莊嚴。經行疲乏則趺坐以觀佛，坐久則經行以稱名。如能於行住坐卧四威儀中，如是循環善巧修行，久之自得大利。

持名方法有上述諸種可資採用，趺坐觀想之方略舉數端：

①自坐蓮華想

在念佛心中默下觀想，想目前生一大蓮華，不拘青黃赤白，狀如車輪之大，觀想華狀分明，仍想自身坐在華中蓮台之上，端然不動。作蓮華合想，作蓮華開想。當華開時，有五百色光，來照我清虛之身、無極之體，蓮華化生，得未曾有。作眼目開想，見佛菩薩及國土想，即於佛前，坐聽妙法，及聞一切音聲，皆說所樂聞法，所聞悉與十二部經相合。

②白毫觀

觀想阿彌陀佛丈六金身，趺坐勝寶蓮臺，端正無比，兩眉之間，有一白毫，長丈五尺，周圍五寸，白如珂雪，外有八棱，右旋宛轉，中則虛空，放淨光明，瑩淨明徹，不可具說，顯映金顏，分齊分明。作此想時，停心住念，堅固勿移。心內憶念「白毫相光」四字，愈久愈妙。《觀經》云：「見眉間白毫相者，八萬四千相好自然當現。」

③阿彌陀佛觀

阿彌陀佛於彼高座，威德巍巍，相好光明，一切境界無不照見，如黃金山，出於海面。其中萬物，悉皆隱蔽，唯見佛光明耀顯赫，有無數聲聞菩薩，恭敬圍繞。另外亦可對西方極樂世界種種依正莊嚴，若德風華雨，若妙香天樂，若泉池樓閣，若林樹寶網，一一憶念，一境一幕，神遊淨域。先送心歸極樂，臨終定得蓮華化生。

四、臨睡觀念法

修淨土人，凡欲入觀及臨睡時，一心合掌，正面西向，若坐若立若跪，十聲念阿彌陀佛、觀音、勢至、清淨海眾竟，發願云：「弟子某甲，現是生死凡夫，罪障深重，輪迴六道，苦不可言。今遇知識，得聞彌陀名號，本願功德，一心稱念，求願往生，願佛慈悲不捨，哀憐攝受。弟子某甲，不識佛身相好光明，願佛示現，令我得見，及見觀音、勢至、諸菩薩眾，彼世界中清淨莊嚴，光明妙相等，令我了了得見。」

發願已，正念而寢，不得雜語，不得雜想。或正發願時即得見之，或睡夢中得見。此法係善導大師所立，蓮池大師云：「善導大師，古稱阿彌陀佛化身，今此願文，修淨土人所宜深信，慎勿以暫時無驗而輒廢惰，務在久遠行持，必於淨土，功不唐捐。」此臨睡觀念法能有效地提高睡眠質量，獲致身心健康。彌陀名號亦是世間療效極佳的安眠藥。

03 問：讀書學習累了，念佛能解除疲勞嗎？

答：

讀書學習是一門藝術，既要心情愉悦又能提高效率，就得注意勞逸結合。如同彈琴，弦太緊了會繃斷；太鬆了，又彈不出音樂；不緊不鬆，方能奏出美妙的曲子。看書學習是一生的科目，心態與方法，要在動態中優化調整。

看書累了，有疲勞感，便要休整一下，一則避免眼睛疲勞，二則令大腦輕鬆輕鬆。或散散步，或聽聽音樂，或靜坐調息，或發發呆等，都是充分休息的方式。然經行執持名號，是所有方法中最有效的妙法，能放鬆身心，能激活潛能，能將所讀的信息作積極的加工處理，理解力、想像力會大幅度提升，乃積極的休息。是故，若能將念佛穿插在學習過程中，交替進行，如看書一小時，起來經行十五分鐘，就能收到事半功倍的效應，願諸同仁踐行之。

04 問：我素喜研究經教，手不釋卷，津津有味；而於持名念佛，不是昏沉，便是掉舉，這種現象是甚麼原因？如何對治？

答：

文化人學佛，大多好樂研究教理，總想從經卷中得大總持，獲真受用。這種想法是可以理解的，然以生滅心揣摩佛經真實義，往往愈推愈遠。是故宜從真修實幹入手。淨土法門以信願行為三資糧，其中持名念佛為信願二科之落實。吾人無始劫以來，總在妄想雜念堆中討日子過，是故伊始念佛，不是被濃霧般的昏沉所困擾，便是雜念洶湧，佛號被沖得無影無蹤。加之吾人懈怠放逸的習氣，缺乏披鎧上陣一人與萬人敵的剛毅，所以因循故轍，泛泛悠悠若干年，沒有獲得一絲毫的念佛法喜。須知看經閱教如讀藥方，持名念佛方為服藥。印祖開示，一個真老實念佛者，一分時間閱經，九分時間念佛。意在吾人從念佛行持中契入，所以文化人學佛，應多從事相入手，每日規定自己念佛的數量，或一萬，或二萬，或三萬。拜佛若干，記錄在冊，限期檢查。有機緣可作或共修或自修的精進佛七，或百萬佛號持念等。總在使佛號變熟，止觀並運，定慧等持，功夫得力。此時看經閱教，自然心明眼亮，默契於心。願淨業行人共勉之。

05 問：我受了五戒，修持淨土，現在早晨誦《楞嚴咒》。有的佛友說，這是雜修，但我已經在佛前發誓，一天誦《楞嚴咒》一部。請師父開示。

答：

你能受三皈五戒，修淨土，這非常難得。對修淨土的人來說，原則上，以一門深入專修為上，讀誦淨土經典，專念「南無阿彌陀佛」名號。但如果你對《楞嚴咒》有特殊因緣，發願誦《楞嚴咒》，也是可以的，然須將誦《楞嚴咒》的功德迴向求生西方極樂世界，亦屬專修的範圍。

06 問：阿彌陀佛的「阿」字念成「ㄛ」(音「喔」)可不可以呢?另外，打坐念佛時常會

嗝氣，或者覺得有股氣堵在胸口，這是怎麼回事呢？

答：

阿彌陀佛的「阿」字正確讀音念「ㄚ」，有些人習慣發「ㄛ」音，也是可以的，如來悉知悉見。無論是念「ㄚ」音還是「ㄛ」音，阿彌陀佛都知道我們是在念祂。但最好慢慢改過來，因為「阿」字，華嚴字母中排在第一，表法界生發音，諸法空義。「阿」字具無量功德，無量涵義。自「阿」字出生一切陀羅尼，展示了生生不息功德藏。

打坐念佛時不要高聲，否則傷氣。可繫心於佛號，隨呼吸持念，慧心安住。隨息念佛亦是良佳的攝心方法，對於身體上的疼痛或者是氣脈等不要執着，一切觀空，佛號歷歷分明，即是無上深妙禪。誠如徹悟大師所示：「一聲佛號一聲心，心佛雙忘趣轉深。定久不知誰喚醒，滿天霜月照幽林。」

07 問：用記數念佛好，還是用清淨心念佛好？

答：

對初學者來說，宜從記數念佛入手，功夫漸深，自然與彌陀名號的功德相應，令心趨向於清淨。凡夫眾生開始念佛的心都是污染的、生滅的，只要是在心意識範圍都不是清淨心，真正的清淨心是要離開心意識。心是阿賴耶識，意是第七末那識，識是第六分別識。未離開心意識，又稱眾生心、生滅心。吾人信願念佛，能念的心和所念的佛號泯為一體了，全佛即心，全心即佛。以念佛心入無生忍，安頓在不生不滅的法性理體上，如是便有一定程度的清淨心。等覺菩薩還有一分生相無明未破，還不叫究竟清淨，唯有佛一人才是究竟清淨。

瞭解這些修因證果次第後，還是要從老實記數念佛開始，每天至少念一萬聲以上，多多益善，念清楚、聽清楚、記數清楚，每日數量用功課冊記下來。是否有清淨心你不必理會它，功夫境界是水到渠成的，你老是去琢磨，會成為一種負擔。往生一法全憑信願持名，我們有信願才會去記數念佛，通過記數念佛又能夠增上我們的信願，是由吾人記數念佛這樣懇誠感通阿彌陀佛慈悲願力的加持，令我們橫超到西方淨土。念佛的主要目的就是求往生，只要成就往生到西方極樂世界，就畢竟臻於清淨，因為極樂世界是清淨的法性土，有極大的加持力。而在這個世間我們想求清淨卻甚難甚難，因為這個五濁惡世，整個的環境和眾生的心都是染濁的，吾人處在這種濁染的時空中，不能不受影響。

是通過記數念佛漸次獲得清淨心，不是想有清淨心便能得到清淨心的。是故我等淨業行人當在記數念佛上下功夫。制訂定課與數目，循規蹈矩地完成，日積月累，自然成辦往生資糧。

08 問：平時念佛都是散亂心在念，如何才能攝心念佛呢？

答：

攝心念佛的方法，即是大勢至菩薩所云：「都攝六根，淨念相繼。」在眼耳鼻舌身意六根中，注重攝耳根與意根，這二根攝住，其他四根不攝自攝。攝耳根的方法即是自念自聽，念清楚，聽清楚；攝意根的方法，是心與聲相依，念茲在茲，不讓心念外逸。然常口念佛號心向外跑，如是可配合十念記數法，念一句佛號，心裏記數一，念二句，心裏記數二，……念至第十句，再從一至十，如是循環往復攝意根。

我等眾生初心念佛必定是散亂的，因為無數劫以來的阿賴耶識的妄想種子都會出來，這時要從容靜定，妄念來的時候正是做功夫的好時機。就憑這句佛號去收攝妄念，以一句佛號攝百千萬種妄想雜念，以一句清淨的佛號來澄清吾人垢染的心。這句佛號就像清水珠，投入渾濁的水中，濁水不得不清；這句佛號投入凡夫的亂心中，亂心不得不佛。所以在散亂的心念裏，要緊緊地抓住這句佛號，不要去注意那些散亂的妄念，只專注佛號。這樣旋收旋散，旋散旋收，如人學射箭，漸漸功夫熟練。慢慢地，當你能念佛的心與所念的佛號日漸趨近，在你的念頭裏面佔了主導地位時，那你的功夫算上路了。這句佛號長時熏習內心，凝成強力種子，你就不經意中，亦有一句佛號在湧動，漸趨不念自念。是故攝心方法要從鈍功夫做起，一天至少要念一萬到三萬聲佛號，有打佛七的機會來打精進佛七，或晝夜經行念佛，日積月累，水到渠成，狂亂的心就逐漸得以降伏。如是淨念相繼，即可「現前當來，必定見佛」。

09 問：末學對某位法師的唱念感覺很攝心，請問念佛可否唱念？

答：

念佛是可以唱念的，寺院共修的佛七均是有旋律、有韻味的唱念。唱念要五音諧和，清暢哀亮，共振和鳴的梵音更能攝心。唱念時，都攝六根，注意深呼吸，抑揚頓挫，具淨土情懷，與佛號感通，便可心光音聲融為一體，法喜充滿。現在唱念佛號的音聲格調很多，選擇一種跟你比較相應、攝心效果較好的唱念即可。

10 問：念佛對身心確實能起作用，這如何從理上解釋呢？

答：

念佛對我們身體的健康、智慧的開發，乃至臨命終時，心不貪戀，意不顛倒，隨佛往生等，必有功效。古往今來的事例，不勝枚舉。然如何解釋這些現象呢？

這確實不可思議！從不可思議層面來說，此乃吾人心性之不可思議，持名奇動不可思議，以及彌陀大願加持不可思議所致；又從可思議層面來看，亦可說出點道理。須知，諸法的狀況與吾人的心念相關。我們生活中的順逆境遇、身心狀態、人際關係、生存環境等，都是由吾人念頭變現出來的。不好的念頭變現出的是不好的境界，好的念頭就變現好的境界。如同做夢，全心即夢，全夢即心。要改善夢境，就得改善心念。念佛具有淨化念頭的強力，這句名號具足着阿彌陀佛全體的功德，當吾人執持名號時，轉化念頭力量強大。名具萬德，名召萬德，全攝佛功德為自功德。是故，念佛乃善中之善，福中之福。由於從本源上淨化了念頭，因而由念頭所顯現的身心狀況、人際關係和事業等等，都會向好的方面轉化。而放生迴向也是這樣，放生是培植慈悲心的，你生起了慈悲心，那正報和依報就會大為改善。是故，信願念佛、戒殺放生，不唯饒益他人，更是利益自己；不唯利益來生，更能利益當生。願諸同仁深信毋疑。

11 問：如何把一句佛號不間斷地念到專注？

答：

我們知道阿彌陀佛名號功德不可思議，每天繫念佛號很好，但有妄想、雜念、煩惱干擾，這是正常的。凡夫就是有妄想雜念，沒有了妄想雜念，就不是凡夫，你就是聖人了。你如果略一修行就能成為聖人，那也就不需要阿彌陀佛了，所以有煩惱是正常的。那麼遇到不如意的事情會發脾氣，也是免不了的。但是念佛過程當中，第一次發脾氣你可能會火冒三丈，經過一段時間念佛，再發脾氣的時候可能火就不竄那麼高了，這得有一個過程。五濁惡世末法眾生，其根機也只能這樣。至於你總是希望念佛息滅貪、瞋、痴，那麼這個目標定位要調整，念佛志在求往生，至於伏斷煩惱，要順應自然，不可強求。我們要念念想到業障深重，靠阿彌陀佛趕緊讓我們離開這個娑婆世界，到西方極樂世界去，念念求往生，這才指向正確的目標。善導大師的水火二河白道喻告訴我們：我們走在這條念佛往生的白道上，貪欲之水與瞋恚之火仍然存在，但並不妨礙我們走在這狹小的白道上，渡過生死急流，到達極樂彼岸。貪、瞋、痴等煩惱本質是虛妄的，是空的，我不理會它，專注在這一句佛號上。那麼如何能專注在這句佛號上呢？首先要生死心切，把「死」字放在自己的額頭上，我馬上就要死了，這時候你專注不專注？我須臾間就撒手人寰了，這個時候你還有甚麼放不下？但念無常，才能懇誠念佛求往生。

12 問：一天至少念多少聲佛號才有效果，才能有效地去除妄念？

答：

注意，不可把念佛僅僅作為功夫去用。將「橫超」法作「豎出」用，祖師常有呵斥。念佛法門首先要解決信願，時時呼喚彌陀的救助，阿彌陀佛就在我內心，我在阿彌陀佛的內心，我是佛心中的眾生，佛是我心中的佛，感應道交是當下的。念念作得生淨土想，念念心生歡喜，這樣念念都有效果呀！怎麼妄想雜念還有呀？妄想雜念不管它，只要在妄想雜念當中，有這句佛號，能夠守得住，把得穩，就是我往生左券，由此獲得安心安樂，不要跟自己過不去。有如是信願心態後，至少一天念一萬聲佛號，像小學生做作業一樣，你必須完成它，念不完一萬聲佛號就不要睡覺。萬一當天極忙無法完成，也要在其他日子補上。如果持之以恆，念佛功夫得力，妄念自然稀少，此長彼消，水到渠成。

13 問：是否能夠在念佛號之前祈求阿彌陀佛佛光加持，幫助我驅除心中的貪瞋痴？

答：

持念「南無阿彌陀佛」信願行具足，念念往生啊！此刻西方淨土七寶蓮池中，標上你名字的蓮華放出光明，蓮華越來越大。念佛時，即有阿彌陀佛光明加持，我們至心「南無」（全身心歸命），就是真正的祈求。有了彌陀強力的加持，就能有效地驅除自己的貪瞋痴。貪瞋痴如浮雲，念佛猶如智慧之風，風吹雲散，性天法爾朗徹。妄念來了不要去管它，一定要轉化為佛號的念頭，念頭轉化，也要經過由生轉熟的過程。現在有些人邊念佛邊琢磨有沒有清淨心，聽說要清淨心才能往生呀！所以就刻意觀察念頭，哎呀！我這一念又不清淨了，這裏妄想雜念又起來了。這怎麼辦，怎麼辦？完蛋了，我不能往生了，因為我沒有清淨心。自己給自己畫地為牢，自設障礙，並無聖言量的依據，純是自己凡夫的知見，不可依從。

14 問：末學在念佛時經常妄想紛飛，而且淫欲心很重，不好的念頭經常不自覺地浮現，自己控制不了，該如何去對治？

答：無量劫來吾人不得解脫三界生死輪

■〔明〕項聖謨《蓮藕》

迴，正因有妄想。而妄念中最重的即是貪淫、瞋恚、嫉妒、傲慢等。如何對治妄想呢？首先，應明瞭妄想無自性、本來虛妄，妄波湧來，當下照空，不隨妄念走，種種妄念一概不理會。第二，當下提起正念，心安住於「南無阿彌陀佛」名號上。須知，名號中內具十二光如來功德，其清淨光即能對治淫欲心。是故，妄想來了，當一心靠倒萬德洪名，以大慚愧心、大懺悔心去念，漸漸便能降伏種種妄念。至於淫欲心重，亦可輔助修不淨觀——觀身不淨以及死想、脹想、骨想、燒想等。觀之久久，貪欲自然輕微。以清淨心念佛，便易與佛號相應，可以越愛河而超苦海，逕登極樂，面覲彌陀，何幸如之！

15 問：末學瞋恨心很重，每次對境都不能把持自己，傷害他人也傷害了自己。請問我該如何做？

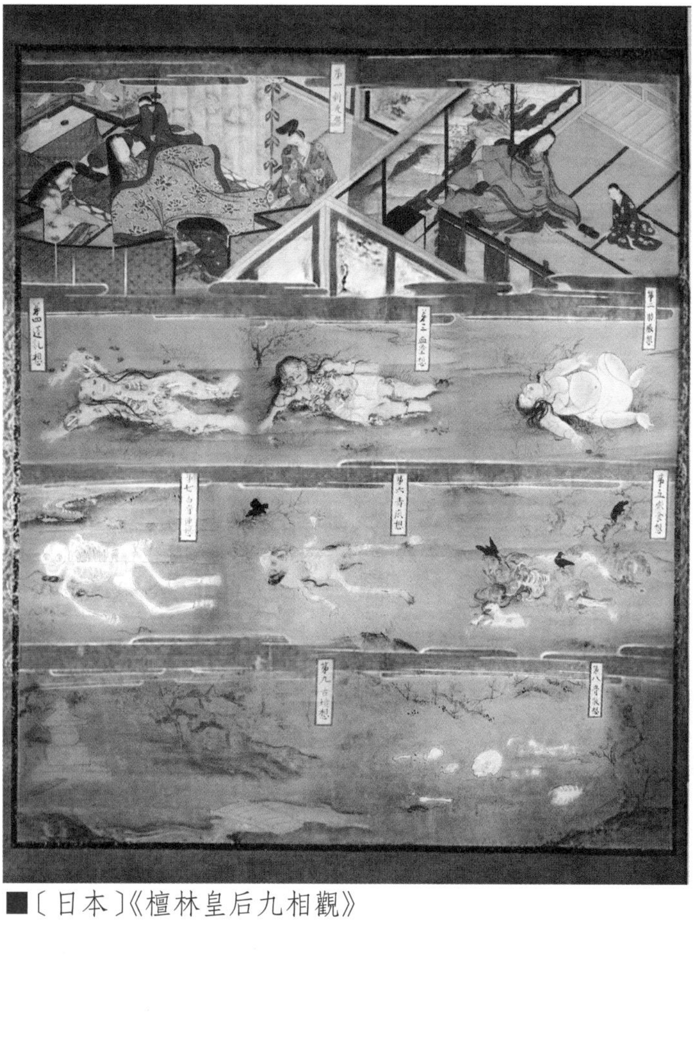

■〔日本〕《檀林皇后九相觀》

答：

吾人瞋恨心的根源，還是來自身見我執。對治法藥宜修慈悲觀，把一切眾生看作自己的六親眷屬，長者為父母，少者為子女，同等者為兄弟姊妹，作同體想。要思惟瞋恨煩惱的嚴重後果，「一念瞋心起，百萬障門開」。瞋恨心一來，就障蔽了菩提道了，障蔽了慈悲心了，障蔽了換位思考了。而人性中殘忍與嫉妒等噴湧而出，欲置人於死地而後快。身口業傷人，悔之晚矣！淨業行人一定得制控住瞋恨心，要有般若空慧。他人打我、罵我，要作還債想：多生多劫我也打過他、罵過他。作還債想，就扯平了，生歡喜心了，幫我消業障了。如果違緣境現前，瞋恨心難以抑制，趕緊念阿彌陀佛，祈求阿彌陀佛加持護佑。阿彌陀佛名號中有歡喜光，就是幫助吾人對治瞋恚心的。念佛得力，心性寧靜祥和，自然「八風吹不動」了。

16 問：「南無阿彌陀佛」這句佛號裏包含了哪些信息？是否包含了求生西方淨土的願力？至心念佛時，是否還要再想着「我要求生西方」？

答：

這句佛號包含着阿彌陀佛果地上所有的功德，諸如十力、四種無畏、十八不共法，尤其是內具阿彌陀佛普度眾生往生淨土的大悲願力，以及啟發眾生深信切願稱名求生淨土的德能，由此，六字名號被譽為萬德洪名。吾人至心稱念佛名，全攝佛功德為自功德，暗合道妙，香光莊嚴。這句佛號內具攝受眾生的威神力，為啟動眾生求生淨土的信願提供增上緣。具足信願持名方能與佛攝生之願感應道交。是故，每次念佛功課結束後，宜作迴向，以此誦經念佛功德，迴向願生淨土。至於正念佛時，不必再想着「我要求往生」。但一念單提，自念自聽，淨念相繼即可。

17 問：專修淨土的人靜坐時，吸「阿彌」，呼「陀佛」，還是不管呼吸，只專注在阿彌陀佛聖號上？

答：

專修淨土的人靜坐時，可以隨着呼吸來念阿彌陀佛，吸的時候，念阿彌，呼的時候，念陀佛。如果是六字，那麼吸的時候念南無，呼的時候念阿彌陀佛。一呼一吸，漸微漸細，然意地中亦有音聲之相，用此攝心。這樣心繫在佛號上，這就是念佛禪，「若人但念彌陀佛，是名無上深妙禪」，禪就是佛心。這句名號就是阿彌陀佛的心，我們安住在阿彌陀佛的無上的願心上，就安住在無上深妙禪上，於此禪和淨就圓融不二了。

18 問：弟子所在的縣既無寺院，又無居士團體，親人去世時，弟子如何助念？臨終如何勸導？在親人耳邊放念佛機可以嗎？

答：

自己的親人去世，你首先要義不容辭給予助念與臨終勸導。依據印祖的《臨終三大要》以及李圓淨居士結集的《飭終津梁》所作臨終之指導，要常常對親人、對父母進行勸導，要讓他放下世間所有的牽掛，一心一意求生西方極樂世界。事前要做一些準備工作，把他牽掛的事情，趕緊幫他料理完，然後告訴他：「這些事情你放心，我都辦妥了。」然後就勸勉他產生信心。這時候應該直接給他念，你現場自己去念，用你的至誠心去念，比聽念佛機好。除非在沒有人助念的情況下，才用念佛機替代一下。最好是自己親自念。勸告親人保持信願行之正念，如是與阿彌陀佛感應道交，定得往生。

19 問：平時念《阿彌陀經》及佛號，有時幫蓮友臨終助念結緣《地藏經》，這是否與一門深入的原則相牴觸？

答：

修行淨土法門宜專精，善導大師提出專修的五種正行：一心專門讀誦淨土經典；一心觀想憶念阿彌陀佛及西方極樂世界；一心專門禮拜阿彌陀佛；一心專門稱念阿彌陀佛名號；一心專門讚歎供養阿彌陀佛。這樣隨順佛敕，易與彌陀願力感應，得遂往生。如果是雜修，感應力弱，往生比例就隨之下降，所以我們還是以專修為主。至於給蓮友臨終助念往生，更應專稱彌陀名號，令亡者繫念佛號，作往生意。南無阿彌陀佛乃萬德洪名，包含着所有佛菩薩名號的功德以及誦念諸種經典的功德。有人認為要消災延壽就得念藥師佛，難道念阿彌陀佛就不能消災延壽嗎？他是無量壽啊！念觀世音菩薩能夠免災吉祥，那念南無阿彌陀佛亦同樣能得到。古往今來祖師大德們悉殷勤勸告，無論是助念往生、薦亡超度乃至消災延壽等，皆應念佛。至於某蓮友與《地藏經》有特殊因緣，平日熏修嫻熟，好樂聽聞，那麼助念時，先念一部《地藏經》，爾後再提起阿彌陀佛名號，亦無不可。只要將讀誦其他大乘經典的功德迴向往生極樂世界，也屬於專修之列。

20 問：我在生活中，以「靜坐常思己過，閒談不論人非」自警，佛號不斷，但就是不能入定，怎樣才可以入定呢？

答：

看來你還有一個對入定的執着、貪求。你這一念執着貪求的心就是你入定的障礙，可見你對念佛的功德還是缺乏正確的知見。你在老實念佛當中就已經入定了，這彌陀名號就是無量壽，無量壽就是自性的寂定，就是陀羅尼，就是三昧之王，已然超越一般的禪定了。所以你在一心念佛的時候，就已經入到了無上深妙禪，誠如經典所云：「若人但念彌陀佛，是為無上深妙禪。」你已經安住在無上深妙禪裏面，卻還問「我為甚麼沒有入定呢」，就好像你已經在故宮了，還到處向人打聽北京在甚麼地方一樣。

所以還是老實念佛，不管入定不入定，一心執持名號，心外無佛，佛外無心，萬慮俱空，不知有身，不知有世，亦不知我今日所作是修行之事，如是不求入定自然入定。以無所得故，才得阿耨多羅三藐三菩提，你有所得心，就甚麼都得不到。一切賢聖皆以無為法而有差別，切不可用世間分別執着的觀念來求境界，有能入，有所入，有能入所入就離定甚遠了。首楞嚴三昧，一切事究竟堅固，能所消泯，最後到空，能空所空亦遣，空空亦空，一空到底，畢竟空、無所有，這時候才能說你入到了般若禪定。所以你不要老是在這裏執着這些東西，一定要消泯對待。老實念佛，莫換題目即可。

21 問：古往今來求生淨土的祖師們，對於念佛是否往生的解釋各不相同，但《淨土聖賢錄》中記載他們都得以往生。既然法門無量，殊途同歸，那修其他法門也迴向淨土，不也照樣往生極樂嗎？懇請法師開示專修與雜修的利弊得失。

答：

淨土一法是普門法，就是平等普遍地攝受九法界種種不同根機的眾生，也是所有大小乘宗派的最終歸宿。《淨土聖賢錄》中記載的宗門教下的那些善知識，他修自己本宗的法門，最後以所修行的功德迴向求往生，也是可以往生的，這個《無量壽經》也談到，這些修行大乘法門的人，只要一念淨心迴向都能往生。但是從善導大師到印光大師都強調專修，亦有其意味深長的道理。專修把握性大，雜修把握性小。專修就跟阿彌陀佛建立起很親切的因緣關係，當我們念阿彌陀佛的時候，阿彌陀佛就知道我們；我們頂禮的時候，阿彌陀佛就瞭解我們。我們每天心裏都是想着西方，想着西方極樂世界依正莊嚴，在阿賴耶識內熏習與西方直接關聯的種子。臨命終時，這個種子的力量是很大的，如離弦之箭，引導神識到西方極樂世界，所以一百個人專修一百個人往生，一萬個人專修一萬個人往生。如果是雜修，修其他的法門，跟彌陀的願力就比較疏遠，所熏習的種子跟淨土法門也比較疏遠，所以呢，一百個人裏面一兩個人往生，一千個人裏面三五個人往生。這是善導大師的慈示，我們一定要信受祖師的教誨、佛的教誨。

《隨願往生經》中普廣菩薩問佛：「十方悉有淨土，世尊何故偏讚西方彌陀淨土，專遣往生？」佛告普廣：「閻浮提眾生，心多濁亂，為此偏讚西方一佛淨土，使諸眾生專心一境，即易得往生。」若總念一切佛者，念佛境寬，則心散漫，三昧難成，故不得往生。是故於十方無量的剎土，專門拈出西方淨土令我們棲心歸宿。文殊師利菩薩以根本智修一行三昧、一相三昧，就是面向西方，念阿彌陀佛。由念佛的因緣，成就般若波羅蜜，成就無量的陀羅尼，成就無量的智慧辯才。以文殊的根本智，修念佛的一行三昧。宗門教下諸祖師也潛修淨土，迴向往生。如果你能夠一門心思專修的話，這種親緣關係更親切、更熟悉，在這個時代更要強調專修，增上往生的把握。

22 問：我是佛學院就讀的沙彌，是修學淨土法門的。但這裏並沒有開淨土的課，開的大多是宗門教下的課程。請問修學淨土是否要學中觀、唯識、天台？

答：

修學淨土法門最難的是建立信心，這是一切世間極難信之法，唯佛與佛方能究盡，吾等凡夫很難從理證入，唯信能入。以深信願持佛名號，方可與佛願感應道交，成辦往生大事。而通宗通教者對淨土一法，或難當下擔荷。

如何處理修學淨土與修學通途教觀的關係？昔印祖曾向體安和尚開示：「伏願和尚發菩提心，宏揚此法（注：指念佛法門）。倘淨土經論，盡皆通徹，則何幸如之。若或未盡鑽研，或恐違背本宗，不敢稱性發揮，當權將宗教兩門功夫，暫時歇手。凡有闡揚淨土者，平心和氣讀之。使揚禪抑淨之心，無絲毫芥蒂。必究佛祖偏讚之所以，四眾遵違之利害。則不被門庭隔礙，而敢於一切禪教律人前，稱性發揮，無復畏憚矣。」（印祖《與大興善寺體安和尚書》）祈息心熟讀印祖開示，思惟其法義，便自知取捨抉擇矣。

23 問：弟子在《印光法師文鈔》中讀到，印祖對女眾出家甚是反對，原文說：「若女人有信心者，即令在家修行，萬萬不可令其出家。」對此，弟子心中倍感迷惑，請開示緣由何在？

答：

印祖在《文鈔》中多處提到的這個觀點，實則是秉承世尊起初創立佛教的旨意。世尊早期僧團是無女眾的，因世尊姨母摩訶波闍波提夫人（即大愛道）三番九次請求出家，佛三番九次予以拒絕。阿難從旁代求，佛立八敬法，勉強同意。大愛道比丘尼

■〔元〕王振鵬《姨母育佛圖》

依教勤苦精進修行，證得阿羅漢果，對「百歲尼師向新戒比丘禮敬」產生疑惑，請阿難轉以問佛。佛陀乃借此因緣，而舉出女子出家種種減損佛法莊嚴的事情。阿難聞已，悲恨流淚自悔。

世尊以悲智說出真相，並無藐視女眾之意。佛視一切眾生等同一子，不會故意去貶低女眾。但是從護持法門這一方面來看，女眾在家修行，信願念佛求生淨土，也能夠成就道業。阿彌陀佛四十八願中的第三十五願——「信樂永離女身願」，乃專攝女眾之願。是故，印祖仰承佛心佛語，勸導女眾「只宜在家持戒念佛，決志求生極樂世界。斷斷不可遠離家鄉，出家為尼」（《與徐福賢女士書》），是非常睿智和慈悲的開示，亟宜拳拳服膺、依教奉行為上。

24 問：有人在百萬佛號閉關期間，若以決死之心，不吃不睡，求佛接引，是否屬於自殘身體，是否如法？宋瑩珂法師閉門三日，與東晉覺明妙行菩薩七日不吃不睡如何解釋？

答：

我們念佛一定要有一種平實的心，不能走極端。我們對十天百萬佛號閉關，只要求齋戒清淨，守八關齋戒，過午不食，但不能不吃。不吃不睡不是爾我凡夫所堪能。走極端或許會出問題。有同修說，有個老居士，七天閉關，不吃不睡打餓七，甚至水都不喝。等到七天過後，被人扶出，倒在地上一命嗚呼了！所以這種苦行，是不許可的。《梵網經》云：「滅壽取證者，亦非下種處。」所以你只要至誠懇切地念佛就好了，該吃你就吃，該睡你就睡，只不過是不要貪睡，不要貪吃就好。不能不吃不睡啊！修行要走中道嘛！所以佛為甚麼最後放棄苦行，是以身作則走中道。尤其念佛，是安樂法門，並不在於苦行的。你再苦行，不吃不睡，然信願未建立起來，也是往生不了。如果具足信願，就是睡在黃金牀上，也都可以往生。

宋代的瑩珂法師是一個特例，由於他覺得自己煩惱很重嘛，他見到阿彌陀佛，儘管還有十年的壽命，他就想：這十年中自己煩惱太重，怕又往生不了，希望阿彌陀佛慈悲，乾脆我現在就跟您走。反映他一種願心，阿彌陀佛也就恆順眾生嘛，慈許三天以後再來接引，這是個特例呀！東晉的覺明妙行菩薩也是一個特例，我們只是學習他那種精神。東晉的時候，像覺明妙行菩薩這樣的懇切的心，七天這樣拼命下去，身體還能夠接受得了。現在我們這樣拼下去，首先體質跟古人都不能相比。所以現在就在我們凡夫的範圍當中，可以苦一點修行，但是一定要適度，一定要自己能接受得了，就是適度的挑戰。就像調琴弦，略微調緊一點，但不能繃得太緊，繃得太緊，就斷了啊！所以我們東林寺十天百萬佛號閉關，這是適度的挑戰，大家還能接受，甚至晝夜二十四小時念佛，這也適度。你如果讓他兩日兩夜、三日三夜、七日七夜，這都有相當的挑戰了。所以先從適度的精進開始比較好一點，根據我們身心的狀況，只要安樂，只要這個念頭能夠安定在佛號當中，這是最好的修行，不在於過度的苦行。現在有種很不正確的觀點，認為越苦行好像就越有道心，越有道德。所以有些人就利用這樣的心理來兜售他的一些做法，蠱惑人心，我們要智慧揀別。平時老實念佛，綿綿密密即可。

25 問：東林寺作為淨宗第一祖庭，似乎特別強調記數念佛，譬如百萬佛號閉關、五一黃金周佛七、十一黃金周佛七以及每日念佛規定數量，不知有何依據？

答：

記數念佛方法乃中國淨宗祖師的傳承，這是針對眾生心性特點來施設的。由於我等凡夫妄心波動大，又有與生俱來放逸懈怠的積習，而且初心念佛易生厭倦，常常會為自己不想念佛的懶惰而找種種的藉口。由此就得對症下藥，規定一個數量，就像給小學生規定家庭作業，如果不完成，第二天就要罰站。這樣強制性地規定數量，或能令念佛漸上軌道。另外，亦是念佛功夫的必需，以數量求質量。如果沒有一定的念佛數量，想要臻入清淨念佛境地是不可能的。心是否清淨，不必顧及，你就注重你念佛的數量。在一百萬的數量裏面，也許不期然地會有若干句比較清淨的佛號，水到渠成，無心而得，所以宜注重記數念佛。古人對每日念佛數量的規定或三萬，或五萬，或七萬，或十萬，底數是三萬，可見古人辦道之篤實。現在吾人根器陋劣，又生存在這個忙碌的競爭社會，所以我們提倡每日念佛的底數是一萬。如果一萬佛號都不能保證的話，就很難說你是真念佛人了。一萬聲佛號約兩小時能念完。一天二十四個小時，再忙碌，兩個小時總是能抽出來的。

另外，東林寺為了方便上班的淨業行人念佛，特地在五．一、十．一兩個黃金周組織佛七，海內外四眾弟子雲集，效果良佳。制度化的每月兩次十天百萬佛號以及每月的晝夜經行念佛，亦令全國各地同仁頗得法益，目前亦開展冬季二十四日閉關。淨土法門貴在信願行統一，以平實的念佛行持落實信願、增上信願，並由此令念佛功夫更為純熟，良性互動。東林祖庭願為十方淨業行人提供服務，同登極樂，共證真常。

26 問：念佛同修如何做才能有效地保持精進念佛的道心？

答：

一般來說，現代眾生聽聞佛法難；聽聞到佛法，聞信淨土法門難；稍生信心，如法修行難；勉力行之，恆常精進難。吾人在無量劫六道輪迴中，亦曾發過求出離三界之心、修道之行，只因屈於懈怠放逸煩惱，淨業無成。所以還在生死輪轉中，受大苦惱。今生又聞持名簡要法門，當決定成辦淨業，做到三點，用以保持精進念佛的道心：第一，生死心切，智慧思惟無常。生命在呼吸間，三界火宅魔窟，不容片刻停留，今生不了生死，下生定入三途，萬劫千生，難聞佛名，思地獄苦，發往生心。將深信切願二法，常存在心，憶念不忘，作為人生唯此為大之要事。第二，一門深入，莫換題目，摒棄這山望到那山高的偷心。深知吾等業力凡夫，處於濁世，唯有全身心依怙阿彌陀佛，才可得救。第三，記數念佛，剋期取證。每日有定課，持念佛號不少於一萬

■〔日本鎌倉時代〕《山越阿彌陀佛》日本禪林寺藏

聲（多多益善），記入功課冊。有機緣參加精進佛七，或百萬佛號閉關，或晝夜經行念佛（東林寺亦可為四眾弟子提供這些修行的條件），如是在實修中得到真切的體驗，獲得法喜。沐浴在阿彌陀佛光明中，念佛的道心才能有進無退。須知，凡夫眾生道力怯弱，多有退轉。而皈投阿彌陀佛悲願之海中，彌陀之光明便會攝受我等眾生，安立於涅槃淨土。

27 問：「都攝六根，淨念相繼」具體落實在念佛的時候，應該怎樣才能達到這個要求？

答：

「都攝六根」就是將眼、耳、鼻、舌、身、意六根，攝入一精明（阿賴耶識之見分），以此深心，執持彌陀名號，令六根不再馳逸於六塵。六根當中最重要的是耳根和意根，這兩根的功能最全，也容易馳逐外境。如果把這兩根攝住了，其他的如眼根、鼻根、舌根、身根也就不攝自攝了。攝耳根的方法就是自念自聽，從心裏念出聲音再從耳朵聽進去，心與聲相依，小內循環，就能把耳根攝住。攝意根的方法，可採用印祖的十念記數法。念第一句佛號記一，念第二句記二，……念第十句記十。再從一記到十，循環往復。這樣給意根派了記數的任務，意根自然不容易跑，這就是念茲在茲。如是持念佛號，靈靈不昧，念念相續，即是淨念相繼。日常工作生活中，恆常繫念佛號，如子憶母，如是熏習，自然與萬德洪名、淨土依正莊嚴日漸親切。憶佛念佛，現前（現生證得念佛三昧）當來（帶業往生，華開見佛），必定見佛。大勢至菩薩的授記，吾人當拳拳服膺。

28 問：弟子常常出現不念自念的狀態，不知道是該合上去一起念，還是捨掉這種狀態，繼續口念或心念耳聞呢？

答：

念佛是以真如熏無明，能在吾人阿賴耶中熏習成淨業種子。這淨業種子熏習久了，或又帶起宿世的淨業種子，便會出現不念自念的現象，這當然是好的狀態。

然修行念佛法門的口訣是自念自聽，即以耳根聽清自己當下念佛的音聲，念茲在茲，能念之心與所念佛號的音聲相依，起心念佛，口念清楚，耳聽清楚，便暗合道妙（反聞聞自性，反念念自性），即可趨入念佛正道。是故，出現不念自念狀態時，合上去一起念，也念清楚聽清楚。要讓當下的心念做主宰，而不是被別的音聲牽着跑。

29 問：淨業修習總是進進退退，這其中有何因緣？如何對治？

答：

緣由很多，其根本原因還是生死心不切啊！不瞭解在輪迴中生命的無常啊！再一失去人身，換個嘴臉到三惡道裏去報到，就萬劫難復啊！這種生死恐懼心沒有生起來，於是就把學佛看得泛泛悠悠，甚至於把學佛作為生命的一種點綴。看點佛經，搞點機鋒轉語，然後跟同學、朋友在一起侃一侃，表現自己很高雅。念佛也大多停留在表面：情緒好一點，多念幾聲佛；待會兒昏沉了，正好美美睡一覺；待會兒又覺得有點感冒，更有放逸的藉口了；待會兒遇到幾個多年不見的朋友，高談闊論，更把念佛忘到九霄雲外了。如是種種情形，乃吾輩因循怠惰之常態，對此，要痛加對治。從現在開始，規定早晚功課，根據自己的工作生活情況，或幾千，或一萬、二萬佛號，以決定不缺為準；同時要有同參道友相互監督、勸勉。要有恆心啊！堅持耐久，像普賢菩薩修十大願王那樣不疲不厭——虛空界盡，眾生界盡，眾生業盡，眾生煩惱盡，我此大願無有窮盡。普賢菩薩無量劫不疲不厭地修，難道我們這幾十年光景，只念這句佛號都念不下來嗎？當你要懈怠退轉的時候，趕緊在佛面前至誠懺悔，痛哭流涕，發出真為生死、矢志求生安養之心，如是就漸漸把這個煩惱習氣改變過來了。

30 問：真實無偽的慈悲心如何生起？

答：

慈悲心是成佛的種子，此無緣大慈、同體大悲，乃是從空性中昇華的情懷，要做到真實無偽，實乃不易。我等凡夫未能證到空性，只能發起相似的慈悲心。怎麼發得起來呢？可從移情換位思惟開始。吾心與眾生的心是同體不二的，正因同體不二，是故一切眾生都在吾心之內，吾心也在一切眾生心內。同體即休戚相關，吾救度眾生，幫助眾生，也即是救度、幫助自己，自他不二。證入空性的菩薩，以天眼通看到苦難的眾生遭受劇苦，如箭入心，法爾自然地去救度眾生。是故由對一切苦難眾生的繫念而生起慈悲心，由於慈悲心而生起了菩提心，由菩提心推動無量劫的六度萬行，積功累德，最後圓成佛果。正因為有眾生才有佛果，佛菩薩與眾生的關係是同體增上的，是故恆順眾生

■〔明〕佚名《普賢菩薩》

乃菩薩修行的重要科目。

31 問：有哪些方法可以很有實效地入佛知見？

答：

釋尊一代時教之本懷，正是欲令我等眾生入佛知見。何謂佛知見？離念靈知是。斷見思惑，得一切智；斷塵沙惑，得道種智；斷無明惑，得一切種智。可見殊不容易。然如何建立我等眾生的正知見呢？略述有三：一者，讀誦大乘經典，以信方便、以聖言量為標準，建立正知正見。二者，嚴持戒律，以有戒力故，能生禪定；因禪定故，能生智慧；因智慧故，建立正知正見。三者，信願念佛，暗合道妙，建立正知正見。

念佛就是以念佛心入佛知見，這就是大勢至菩薩講的「以念佛心入無生忍」，無生忍就是佛知見。大勢至菩薩給我們做出了一個很好的榜樣，吾人從念佛下手，是心作佛，是心是佛。一心具足十法界，吾人當下這一念安住在阿彌陀佛的名號上，阿彌陀佛名號即是無量光、無量壽，無量光壽即是實相。吾心安立於佛號上，就是安立在無量正真之道上，因名號具有阿彌陀佛大願的加持攝受力故。吾人聲聲佛號能引發如佛的智慧，由實相本體就能生起佛之知見。證知，信願持名就具攝開示悟入佛知見的大乘圓頓行持，全攝佛功德為自功德，阿彌陀佛證悟的真理法性，當下擔荷接納。如是入佛知見之殊勝妙益，可謂難思難議，伏冀淨業同仁珍重頂戴。

32 問：念佛念經持咒該如何發願？迴向給一切眾生是否功德最大？如果有與自己相關的人遇到困難或者災病，我可以專門迴向給他們嗎？

答：

我們誦經念佛總的發願是求生西方極樂世界，以及法界眾生跟我一起共同往生西方極樂世界。你先要立這個願，如果你忘了這個根本願，所迴向的利益是不究竟的。如果在發往生意願的指導下，將念佛修福功德迴向法界眾生是可以的。你的願發得越大，你的心越大，念佛的功德也會呈等比例地放大。如家人有特殊需求需要救助，也是可以在一定時間內作專項迴向，只須至誠懇切，悉有效果。發願並不是當下就要有能力做得到，就好像一個小孩子發願長大成為醫生，你是不能指望小孩子現在立刻就能夠治療病人的，發願是他的動力，他發願要成為醫生，現在好好學習，最終會成為一個醫生的。我們這些凡夫發願往生西方極樂世界是要成佛，成佛是要度眾生，發的願是我們未來要獲得的。一切菩薩修行時在因地都有願，因地的願是在果地圓滿後再兑現因地的願，叫作「酬願度生」。

33 問：有個居士以前很精進，念佛念了二十年，到了九十歲左右犯了老年痴呆症，連自己的家人都忘了。像她這樣還能往生嗎？

答：

若人能具足信願，至誠精進念佛，與佛號功德相應，自然會圓伏煩惱，解除業繫，當不至於到老年還會陷入痴呆症的困境。現此老居士已犯了痴呆症，說明她二十年的念佛在信願上、知見心態上或有偏差。

然阿彌陀佛慈悲不捨任一眾生。雖然她連自己的家人都忘了，但只要不忘這句佛號，不忘極樂世界，那阿彌陀佛還會以種種善巧方便令她往生的。是故，蓮友們要耐心幫助她，時常提醒她念佛求生淨土的信願，那萬德洪名內具的十二光如來，會在她意識深處發揮作用，喚醒、延續與堅固她淨土的善根，最終在她臨命終時，垂慈接引她安穩往生淨土。我等眾生業力不可思議，然阿彌陀佛慈悲威神願力尤不可思議。信願持名，感通佛力，決定可帶業往生。

34 問：葉老居士現年七十八歲，每天念佛萬聲以上，已十年。因當地風俗，老人去世後一天左右即行火化，這是否會障礙往生？

答：

這不要擔心。常規的做法是繼續念佛八小時或二十四小時以後，可以沐浴更衣，停放兩天或者三天助念，再行火化即可。淨業行人臨終蒙佛接引，神識離體，當即隨佛往生，不會有往生的障礙。當然最好是能夠停留三天左右為好。萬一條件不許可，停放一天火化也無大礙。但現在的眾生以為人死燈滅，對生命死亡過程中的臨終關懷不甚瞭解。如果在醫院予以搶救，病人身上插了很多管子，折騰得要死不死、要活不活，斷了氣之後馬上白布一裹就推到太平間的冰櫃裏面去了，一下子如同掉入冰窟地獄似的，那就更麻煩。現在國外如新加坡人在爭取一個立法，能

■〔14 世紀〕《西方三聖接引圖》

夠自由選擇在家裏臨終，有家親眷屬在各方面料理，比在醫院裏會好。所以如果你家裏的子女慢慢地能夠信佛了，告訴他們一定要助念。能夠助念三天為好，萬一助念一天半，你也不要放在心上，不要以為一定會障礙往生。他已經有十年每天念一萬聲佛號這樣的功德了，阿彌陀佛決定會讓他往生的，乃至十念都能往生，何況他念了幾千萬聲、幾億聲佛號，那還不能往生嗎？阿彌陀佛大願絕對保證這念佛人往生，不必擔心。

35 問：為甚麼念佛時頭很憋很脹，越精進越難受，而且近來出現各種很不好的念頭，是不是有附體？怎麼解決？

答：

念佛的時候出現這些情況是正常的。由於我們阿賴耶識裏面儲存着宿世與今生的許多業力種子，被念佛給激活後，就會像洶湧的浪頭一樣沖擊出來。而這正是消業障的最好時機，這時候要注意，對惡的念頭不要與它產生對抗的關係，要把它看空，不予理睬，把注意力貫注在佛號上。越憋得難受的時候，越要堅持佛號。持念的心要平和從容，綿綿密密，同時以慚愧心懺悔業障，以至誠心祈願阿彌陀佛光明威神力的加持。要知道出現種種惡的念頭是我等眾生的常態，正是惡念在內心佔主導地位，才投生到這個五濁惡世，形成這樣陋劣的業報身，由此生起深重的慚愧心，要有懺悔意識。同時思惟阿彌陀佛大慈大悲，為救度我等罪惡眾生故，發大願，修大行，建立名號，成就淨土，來拯救我等苦惱眾生。故而以悲痛心、感恩心持念佛號，聲聲踏實，念念真誠，內心自然清涼安詳，佛號的功德就轉化吾人邪惡熱惱的妄念，趨向寧靜平和法喜。妄念是病，念佛是藥。執持名號，久久不替，自然身心安泰，勉旃！勉旃！

36 問：為甚麼腦海裏總是浮現很多的惡念，有時候對佛也起惡念，我想是過去世中常常在造五逆十惡這樣極重罪業。這些極重的謗正法的罪業如何懺悔？若我以不惜生命護持正法的發心可否懺除或減輕往昔的業障？

答：我們確實無量劫以來造作的惡業無量無邊，如果所造的罪業有體相的話，盡虛空容納不了，所以我們要盡形壽至誠懺悔。確實，佛滅度後，佛法僧三寶的存在饒益眾生弘深。僧人持戒，端拱無為，福德長流。僧服袈裟的解脫幢相，也能給眾生種善根，令熱惱的眾生獲得清涼安慰。釋迦牟尼佛為眾生開出的出家一法確實是對有緣眾生開闢了一條光明之道。所以出家要發大菩提心，住持法道，弘法利生。四眾弟子都有護持佛法的責任，出家眾屬於內護，在家眾是外護。能發心護持三寶、護持正法，功德無量無邊，消除業障的功德亦大。《涅槃經》敘述，迦葉佛有一世於末法時作演講正法的法師，受到很多的誹謗、磨難。有一國王深信佛法，並發心護持法師，為此甚至自己不受戒，何以故？準備在關鍵時刻用武力來保護法師的生命。果然在一次眾多外道加害法師的危急時刻，國王用武力保護法師，在械鬥中，國王獻出了生命。之後，那位國王的神識往生到了阿閦佛國，作了阿閦如來的第一弟子，那位法師圓寂後也往生到了阿閦佛國，作了阿閦如來的第二弟子。那位護法的國王就是釋迦牟尼佛，那位法師即是迦葉佛。從這個公案可以看出，護持正法的功德甚大。汝能發真誠心護持正法，並身體力行，同時信願念佛，必定可以減少惡念，增進善念淨念，久久不替，亦能漸次消業障、伏煩惱、開智慧，成為快樂的念佛人。

37 問：我是一個初學佛的人，應該放下萬緣念佛，但總是掛念自己的親人，怎麼能放下？

答：

萬緣放下、一心念佛是修行上軌道的必由之路，然初心行人要有一熏習的過程方能達到。無量劫以來，種種的善惡緣在吾人藏識中深固牽纏，如油入麵，看破放下甚難。要做到放下萬緣，首先要有觀空的智慧，了達世間一切的親緣關係，緣聚而成，緣散而滅，且怨親倚伏，轉變無方。前世的冤家對頭或今生變成你的親人，今生的親屬下生或轉成冤家對頭。由此建立怨親平等之平懷。進而觀照親緣關係，都是夢中之事，當體即空，不必當真。然亦隨順俗諦，敦倫盡分。如同演戲，你作為子女，就把你這個角色扮好，孝順父母；為人父母，就慈念教化好子女。以如夢如幻觀，扮演好倫常角色。亦深知世間親緣關係無非輪迴要素，今生幸遇淨土法門，亟須堅固信願，單提一句南無阿彌陀佛，求生西方極樂世界，發願往生西方極樂世界之後，要回到此土救度這些還在夢中輪迴的親人。「真為生死，發菩提心，以深信願，持佛名號」——徹悟大師的開示，可作殷鑑。

38 問：「誠」與「敬」在念佛法門中佔有甚麼樣的位置？

答：

誠敬二字在淨土修持中所佔的位置非常重要，可以說有無誠敬直接關涉着能否往生。何以故？因為至誠念佛，方能感通佛力，帶業橫超。阿彌陀佛十八願中「至心信樂，欲生我國」的表述，就傳達着以誠敬感通佛力即得往生的信息。往生極樂淨土不是靠我們的功夫，而是完全仰靠阿彌陀佛的慈悲願力才能成辦的。誠如善導大師所云：「一切善惡凡夫得生者，莫不皆乘阿彌陀佛大願業力為增上緣也。」既然是全憑佛力成辦往生，那麼能否感通佛力就成為往生之關鍵要素。怎麼能與阿彌陀佛願力感應道交呢？主要靠誠與敬。阿彌陀佛的願力是由真誠心稱性發出並真誠地積功累德而成就的，是故吾人信願稱名亦應至誠懇切。如是以吾人之誠感佛之誠，才能如磁吸鐵，感應道交，感應道交就能成辦往生之大事。如果不能與彌陀願力相應，那往生一事便不可得了。是故淨業行人身口意三業所修解行，必須真實心中作，不得外現賢善精進之相，內懷虛假。念佛行人厭離娑婆，要從真誠心中去厭捨，欣慕極樂也要從真誠心中去渴仰。如是老實念佛，唯此為大。不為異解異行所傾動，堅一其心，便可成辦往生淨土之大事，證知誠敬二字乃淨業修持之祕訣。

■《陳文矩繼妻穆姜——古今賢女繡像》

39 問：上品上生應讀誦大乘方等經典，修淨土法門者，應如何受持讀誦大乘經典？受持讀誦經典與一心稱名是怎樣的關係？

答：

《觀經》上品上生章中，開示有三類根機的眾生，奉行三種行法：一者，慈心不殺，具諸戒行；二者，讀誦大乘方等經典；三者，修行六念（念佛、法、僧，念戒、施、天）。此明眾生習性不同，對行法的選擇各有好樂，有的好樂修慈持戒，有的好樂讀誦大乘經典。任何一種行法，迴向往生悉能如願。大乘經教如明鏡，吾人恆常讀誦思惟，便能開發智慧。若智慧眼開，即能生起厭離娑婆、欣求極樂之心。是故淨業行人應當以至誠恭敬受持讀誦大乘經典，諸如淨土五經、《華嚴經》、《法華經》、《楞嚴經》等。然還要以念佛為主，南無阿彌陀佛六字大經王，阿伽陀藥，萬病總持。誠如天親菩薩所云：「稱彼如來名，如彼如來光明智相，如彼名義，欲如實修行相應故。」意謂：稱念阿彌陀如來名號，即是稱念阿彌陀佛光明智慧之相，即是稱念名號攝取眾生的願力，亦即是隨順實相與彌陀弘誓相應故。證知信願執持名號的功德最大，是故宜以念佛為主，讀誦大乘經典為輔，俾令誦經與念佛形成良性互動。

40 問：有位信士，一次她病重，可能是她過去世種過善根，遇到善信力勸她念佛求生西方極樂世界，並請來寺裏的師父為她傳授三皈依，於是她就開始至誠念佛。忽然有一天，她對家裏人說阿彌陀佛三天後來接她。時至，師父依約而至，並為她開示，讓她放下一切念佛往生，家屬亦助念。其間問：你看見觀世音菩薩、大勢至菩薩以及阿彌陀佛了嗎？答曰：已見。就在此時，此病人說極樂世界沒有吃的，沒有房子住，她不願去了，此時西方三聖逐漸消失，兩個月後此人稀裏糊塗去世。我想問：①阿彌陀佛來了，為何不把此人接走？②如我遇到這樣的人要如何開示？

答：

隨喜你參與助念的功德。淨業行人若能隨分隨力，參與送往生助念，成就眾生往生淨土的大事，是自利利他之莫大善舉。

彌陀大慈悲願力不捨任一眾生，自無「不把此人接走」之理。從你所述情況來看，是在關鍵時候，此人生起疑心。從其所言「極樂世界沒有吃的，沒有房子住」之語，可知其對西方極樂世界之依正莊嚴並不瞭解，也從另外一個角度反映出她對自己所熟悉的娑婆穢土的繫戀之心。所以說，不是佛不願接她，而是她不願去。

從另外一個角度來看，像這樣一個平時不信佛、不念佛的人，僅憑過去世的些微善根，得遇善知識，在病榻之上至誠念佛，就能與彌陀慈悲願力感應道交，感致彌陀來現，可見往生不是難事。只是此人由於平時很少受到佛法熏習，故信不堅、願不切，她有善根，但沒有信根，所以隨業退轉了。可見，「信願」對往生是多麼重要！在關鍵時候，生起不正確的知見，致使與極樂淨土失之交臂，「稀裏糊塗去世」，殊為可惜。

從以上分析中，相信你也可以找到解決此類問題的方法，那就是針對此類眾生，要在助念開示中，重點介紹西方極樂世界的依報環境，《無量壽經》中對此有詳盡的描述：「所處宮殿，衣服飲食，眾妙華香，莊嚴之具，猶第六天自然之物。若欲食時，七寶鉢器自然在前。」如果我們助念與開示的人員對佛經熟悉瞭解，自然能應機開示，解除她的疑惑。

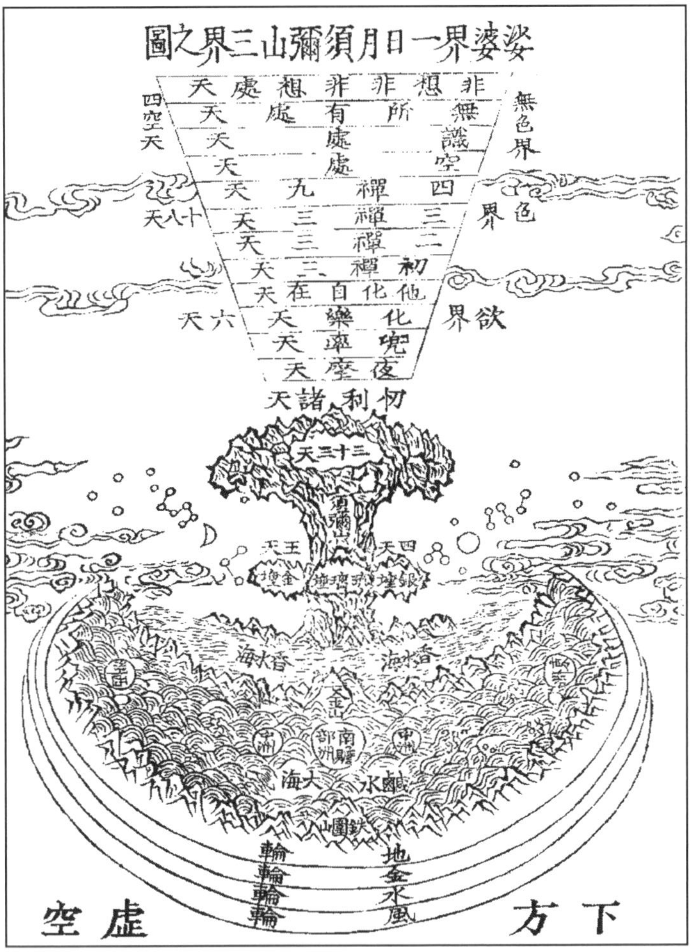

■娑婆世界

總之，助念中的開示非常重要，總的目的就是喚起病人厭離娑婆、欣求極樂之心，在這一方面，瞭解助念對象的具體情況，有針對性地開示則是關鍵所在。

四、破邪顯正

■（明）《釋迦佛與四大天王》

01 問：現在有弘揚淨土的行人，說專持一句名號就可以往生，不用再學習經律論，也不用持戒，甚至不用修十善業，請問這種說法對嗎？

答：

弘揚佛法是一件莊重的事情，關涉到眾生的法身慧命，是故，一定得依聖言量來立言。佛說法事理雙備，不能執理廢事，也不能執事迷理，理和事一定要圓融。比如說具足深信切願，專持這句名號，蒙佛臨終接引往生淨土，是決定的。但如果說只念一句名號，學經律論、持戒都不需要，那就偏頗了。淨土法門「豎與一切法門渾同」，戒定慧、六度萬行、淨業三福，這些都是要做的。阿彌陀佛在因地當中也持戒，也修六度萬行。吾人宜常隨佛學，隨分隨力而行。雖然我們達不到如佛的清淨，但亦當盡自己最大的努力去做。是故，持戒是不可或缺的。如果認為阿彌陀佛大悲願力能令五逆十惡的罪人往生，於是我就可以放肆地去造五逆十惡的罪，反正能往生，如是理解，則醍醐翻成毒藥。我們在日常生活中，宜奉持淨業三福。淨業三福就講要修十善業，怎麼能說不用修十善業呢？淨業三福第二福「受持三歸，具足眾戒，不犯威儀」就是談持戒問題的。所以我們要按照聖言量去做，隨分隨力去學經律論。善導大師提出「解要廣解，行要專一」，專門稱念阿彌陀佛名號，這是正行，宜一門深入，不可夾雜。然一個淨業行人讀誦大乘方等經典，諸如《楞嚴經》、《華嚴經》、《法華經》，以此誦經功德迴向往生極樂淨土，亦屬淨業正行。

02 問：最近全國各地流行的《苦行頭陀墓林僧筆記本》（以下簡稱《筆記本》）一書，許多居士奉若至寶，不知此書值得流通修學否？

答：

目前教內廣泛流行的《筆記本》一書，通篇充滿着似是而非的話語，茲略標有二：

一、《筆記本》以凡夫知見，妄談淨宗，嚴重違背淨宗經典聖言量

①阿彌陀佛見到十方念佛行人臨命終時，業力現前，無能作主，悲心啟立臨終接引願。吾人信願持名，阿彌陀佛與菩薩聖眾決定前來接引。這是阿彌陀佛四十八願中的第十九願文之義，由釋迦牟尼佛金口所宣。而《筆記本》卻說是「自己化身來接引」，「不

■〔日本江戶時代〕白隱筆《地獄變相圖》

知自己三身，都屬幻化。但見自己化身接引，變肉身為化身」，這種說法全然忘卻阿彌陀佛臨終接引的事實。以「幻化」之辭，謗毀彌陀大願。

②關於往生的條件，淨業行人信願持名即可得蒙阿彌陀佛慈悲加持，帶業往生淨土，而《筆記本》卻云「但見三身，隨意往生」，或只注重念佛畫圈的功夫，淡化信願念佛感通佛力的妙用。另將五音念佛神祕化，其實並無新東西（昔淨宗四祖法照大師五會念佛早已失傳）。念佛法門歷來稱為安樂法門，《筆記本》卻以「苦行」混淆視聽，誤導眾生。

③憶佛念佛，必定見佛，最終決定成佛。這是淨宗修持的妙因妙果。而《筆記本》中的墓林僧卻云「念佛一千萬，便真能見到我了，……」念佛不是見阿彌陀佛，而是見墓林僧，豈非咄咄怪事！另，真信切願持念阿彌陀佛，或夢中或定中見到阿彌陀佛，因果相符。當這種瑞相出現時，吾人當全身心靠倒阿彌陀佛，任憑救度。而《筆記本》卻云「有佛像出現，但不可隨他去，那是幻化的像，去了就被鬼怪引接了」，「如你做夢見到佛，也不讓祂接你。見到境界，不要去」，等等。如果念佛人聽從了這樣的「開示」，真是堵塞往生淨土之路。

④念佛法門下手易而得效速，三根普被，利鈍全收，六字洪名，圓攝萬法，圓成佛果，無欠無餘。「若人但念彌陀佛，是名無上深妙禪」。所貴一門深入，方得實益。而《筆記本》卻云「淨土假設方便」，「禪淨雙修，品位極高」。開章便高談「見性成

佛」，「放下凡聖，心心蕩蕩，無自無他」。用宗門下語疑誤眾生，遺棄淨宗南無（歸命）阿彌陀佛的宗教情懷。

《筆記本》通篇充塞着違背聖言量的「開示」，在此只是拈出三五，由此亦可略窺全豹。

二、以凡濫聖，聳人聽聞，包藏機心

末法時期，吾輩眾生障深慧淺，開佛知見（開悟）尚難，更何況證入實相，躋聖賢位。昔天台南嶽思大師，有大智慧，有大神通。臨終有人問其所證，南嶽思大師曰：「我初志期銅輪（註：即十住位，破無明，證實相），但以領眾太早，只證鐵輪而已（註：即第十信位，尚未證實相法）。」天台智者大師臨終時有人問其曰：「未審大師證入何位？」智者大師答曰：「我不領眾，必淨六根，損己利人，但登五品（註：圓教五品觀行位。此位圓伏煩惱，而見惑尚未斷除）。」淨宗九祖蕅益大師臨終有偈云：「名字位中真佛眼，未知畢竟付何人（註：名字位人，圓悟如來藏性，知見與佛同齊。而見思惑尚未能伏住，何況斷除）。」蕅益大師示居名字位，智者大師示居觀行位，南嶽思大師示居相似位（註：十信位），可見實相之不容易證入，後世之人之難超越。而《筆記本》大言不慚，妄談「念佛一千

■〔日本江戶時代〕清巖《地獄》

萬，便見三身佛」。加封隱和尚為「聖僧」，「和三世諸佛無有區別」，吹捧隱和尚其用意卻在標榜自己。墓林僧自云：「慚愧咧，聖僧隱居了，把我這個飯桶推在前面，說三道四的，但請大家要注意聽。」儼然以「聖僧」的代言人自居，並自述，觀音菩薩託夢叫人給他送飯，文殊菩薩化名「倭林」為他拉車（此處有抄襲虛雲和尚雪地遇文吉之嫌）。暗示他這個頭陀墓林僧親得大菩薩護念，非是一般凡夫。連他收的一個小徒弟，「出家時，月亮一連七日放光」；甚或將自己凌駕在佛之上，「念佛一千萬，便真能見到我，……」我慢貢高到以教主的面目出現。

總之，《筆記本》一書，謗淨土藏，說相似法，疑誤眾生，害人慧命，不可流通。敬希廣大信眾以淨宗聖言量和中國淨宗祖師的理念為修行指南，死盡偷心，老實念佛，至禱！

03 問：末法時期，邪師說法如恆河沙。上期貴刊的《關於對〈苦行頭陀墓林僧筆記本〉的幾點看法》，寥寥幾筆，卻是句句中的，切中要害。經過指點，很多同修冷靜審視，得以從盲目崇拜中解脫出來。之後，我們不免又有些困惑，作為佛法初學者，應當以何種標準來抉擇當今教內的各種言論說法呢？

答：

末法時期，學佛者貴在建立正信正見，判斷是非邪正的標準唯有聖言量與祖師的原則立場。對淨業學人來說，要熟稔淨宗五經一論與中國淨宗祖師的著述，以讀誦、抄寫、禮拜與研習等方式，使之淪肌浹髓，將佛言祖語轉換為自己的知見，以此作為判別邪正之參照座標。依法不依人，切勿意氣感情用事，切勿盲從瞎拜，搞成現代造神運動。以古為師，就淨宗而言，曇鸞、善導、永明、蓮池、藕益、徹悟、印光等祖師著述所指的方向，決定能令吾人從生死此岸穩達極樂彼岸。另外，應養成讀書慎思的習慣，雖然讀古人著述比較吃力，先難而後獲。曾經滄海難為水，曾遊聖人之門難為言，做祖師大德的私淑弟子，以阿彌陀佛為大導師，千穩萬當。

04 問：有人說彌陀法門是送死的法門，如果修藥師法門，生能消災延壽，死能往生東方淨土，不是更好嗎？

答：

淨土法門義理境界深邃廣大，功德力用無量，唯佛與佛方能究盡，非凡情所能妄測。有些人未能深造念佛法門，率爾出言，皆非公允之論。修彌陀法門何以說是送死的法門呢？念佛一法能蒙佛接引往生淨土，疾速成佛，了辦人生一大事，同時亦能利益當生。淨業行人信願持名，可以消業障、伏煩惱、開智慧、提升精神品格，家庭和睦，身心康樂，事業順遂。念佛一法，成佛都有餘裕，何況世間福報？然念佛法門確實對生死問題予以了更深切的關注。淨宗也可說是死生的法門，死即是生，死去的是娑婆世界苦惱的業報身，誕生的是性具的法身慧命，所以念佛往生是吾人生命最輝煌的起點，這就叫「文成印壞」。所以這個殊勝的了生脫死的法門，就不是敲敲打打送死所能比擬的。修習藥師法門，也有種種功德，藥師琉璃光如來十二大願也很偉大。如與藥師法有緣，依經教供養、誦經、持名、持咒，也應隨喜讚歎！叢林寺院做消災延壽法，就是在稱念藥師琉璃光如來名號。《藥師經》開示，對發願往生西方極樂世界者，藥師如來會派遣八位菩薩護持此念佛行人往生極樂世界。可見藥師法門與彌陀法門可以相得益彰。然念佛往生西方淨土一法，是千經萬論共指、往聖先賢齊趨的妙法，於此宜加屬意。如與藥師法門有特別因緣者，亦不妨依經專修。然淨土念佛往生一法，乃佛一代時教結穴歸根處，一法具足一切法的功德，持念彌陀萬德洪名，亦可獲致修藥師法門的功德。吾人宜一門深入，自可一了百了。

05 問：有人說念佛要功夫成片才能往生，但是弟子念佛多年也做不到，是否就不能往生呢？

答：

往生的條件是信願持名，感通佛力，帶業往生。誠如蕅益大師所說：「得生與否，全由信願之有無。」能不能往生是全憑信願，有信願就能往生，沒有信願就不能往生。品位高下，就看持名功夫的淺深。念佛的功夫深一點，往生品位就高一點；念佛的功夫淺一點，往生的品位就低一點，但不妨礙往生這件事情，所以能否往生取決於信願。為甚麼取決於信願？就是感應道交，是用信願去感通的，而不是靠功夫。念佛的行持是深信、切願、持名，這一點不能含混。蕅益大師又擔心未來的眾生只重功夫，不重信願，又慈悲開示：如果沒有信願，縱然念佛功夫達到「風吹不入，雨打不濕，如銀牆鐵壁」那樣的程度，也不能往生。為甚麼呢？由於西方極樂世界是屬於實報莊嚴土，縱然是斷見思惑的阿羅漢都不能往生，更何況悠悠凡夫！所以宜先在深信切願上着眼，具備信願持名即可往生。有功夫成片固然好，沒有功夫成片，有信願持名照樣往生。對此要有堅定的信心，這樣才能得到安心、快樂。如果總是在功夫上論，那就難免恐懼、擔心、不安。吾人信願持名，接納阿彌陀佛慈悲的救度，內心能有堅定的信心，當下就安心了。安在哪裏？安在阿彌陀佛的大慈悲願海上，因為彌陀的大慈悲願海是把我等眾生都托起來的。我們就在阿彌陀佛的心裏，只要一念回光即可往生，所以念佛往生一法稱為圓頓中最極圓頓；也正因為如是圓頓，又被稱為一切世間極難信之法。是故，宜從信願持名感通下手，作得生想，無須在功夫上畫地為牢、作繭自縛。

06 問：弟子最近在福州寺院看到上海佛學書局出版的《念佛真實義》等幾本書，作者是台灣地區覺雲居士。上網一查，乃知是蕭平實之作。此人顛倒黑白，附佛之說，如今搖身一變，又以淨土宗善知識自居，徹底否定淨土宗歷代祖師。不明真相之人，極易受其迷惑，破壞行人念佛往生之信心，毒害極大。更有甚者，此書由上海佛學書局出版流通，使人誤以為教界認可此說，真是害人不淺！不知法師對此有何看法。

答：

來函及寄來的台灣地區覺雲居士若干種書籍，略略翻閱，覺其信口雌黃，錯謬不經，亦能體會仁者一片護法之心。茲就《念佛真實義》（簡稱《實義》）、《如何修學淨土法門》（簡稱《法門》）二書中之錯謬處擷取二三，以正視聽。

一、詆毀我國諸淨宗祖師「持名念佛」的傳承

《實義》中，處處將蕅益大師「得生與否，全由信願之有無；品位高下，全由持名之深淺」的開示，指斥為不正確的知見，並云倡導持名念佛「乃是對於淨土三經法義的錯會，並不是正確之淨土法門之知見」（見《實義》P2）。這種對祖師輕率的貶斥，

對持名念佛的看法，是沒有道理的。

淨土法門的理事因果，肇立於佛的果覺境界，全體不可思議，不可以凡情淺識妄加推測。「佛法無人說，雖慧莫能了」對佛經奧義，祖師能解能說，所謂「欲知山中路，須問過來人」。是故，我等淨業行人，宜對祖師言教深生殷重恭敬心。

蕅益大師乃淨宗第九代祖師，「名字位中真佛眼」，開佛知見，所言決定無謬。印光大師讚譽蕅祖的《彌陀要解》「妙極確極，縱令古佛再出於世，重註此經，亦不能高出其上矣」。而《實義》貶抑蕅祖的論斷，何異無知妄談。

祖師們倡導持名念佛，乃是對淨土三經精義綱宗的正確領會。阿彌陀佛因地以五大劫的思惟，實現其普度一切眾生離生死苦、得涅槃樂之大平等慈懷，建立以名號度生之妙法。《無量壽經》偈云：「我若成正覺，立名無量壽，眾生聞此號，俱來我剎中。」是故持名度生的淨土妙法貫徹於諸多淨土典籍中。善導大師慧眼獨具，首先開顯淨土三經持名之殊勝，云：「自餘眾行，雖名是善，若比念佛者，全非比校也。是故諸經中處處廣讚念佛功能。如《無量壽經》四十八願中，唯明專念彌陀名號得生。又如《彌陀經》中，一日七日專念彌陀名號得生。又十方恆沙諸佛證誠不虛也。又此經（註：指《觀經》）定散文中（註：定善十三觀，散善三福九品），唯標專念名號得生。」自《觀經四帖疏》善導大師明晰闡述淨土三經持名念佛宗旨後，歷代祖師大德若蓮池、若蕅益、若印光等悉皆遵從，成為中國淨土宗傳承之家風。今《實義》卻全盤否定，居心何在！更有甚者，釋迦本師乃至十方諸佛伸出廣長舌相，讚歎阿彌陀佛名號功德，欲令我等凡夫眾生專持名號，仰蒙彌陀的大悲願力，帶業往生，然覺雲居士卻言：「又不可教人唯稱念阿彌陀佛名號，而不稱本師釋迦牟尼佛名號，或其他諸佛世尊名號，這樣的念佛非是清淨念佛，知見錯誤，心有污染故。以此種心態念佛，即是情執，是故不可對人作如是教導，違背淨土經典法義故。」（《法門》P162）如是顛倒黑白、誹謗佛言的論斷，是先天智力水平低下，抑或故作此說以斷人慧命？吾人當深加警覺！

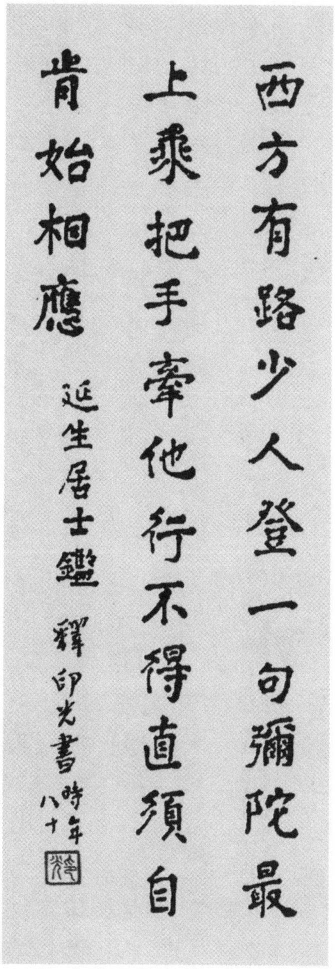
西方有路少人登一句彌陀最
上乘把手牽他行不得直須自
肯始相應
延生居士鑒
釋印光書 時年八十
■印光大師墨寶

二、錯會「不可以少善根福德因緣得生彼國」之經文

淨土念佛法門的圓頓義理，乃是以佛的果地覺作行人的因地心，自他不二，生佛一如，故信願持名，全攝佛功德為自功德。此句經文亦應從如是圓頓角度加以界定、詮釋。蕅益大師精闢指陳：「佛以大願作眾生多善根之因，以大行作眾生多福德之緣，令信願持名者，念念成就如是功德，……唯以信願執持名號，則一一聲悉具多善根福德。」（見《彌陀要解》）

蓮池大師亦云：「今持名，乃善中之善，福中之福。」並開示：「舉其名兮，兼眾德而俱備；專乎持也，統百行以無遺。」（見《彌陀疏鈔》）信願持名，具足六度萬行。此等圓頓知見，稱合佛心，吾人當拳拳服膺！

作者對《阿彌陀經》這句重要經文，師心自用，妄加詮釋，云：「此處所謂『善根福德因緣』，即指三福淨業。」（見《法門》P143）並云：「要廣修善根福德，不可只是持念名號。」（同上書P10）作者持此說，足見其不了經文真實義。

三、妄自矜誇，冒充善知識，以凡濫聖

自古以來，大凡邪師惑眾，悉皆脫不了自我炫耀之窠臼，作者亦不例外。作者矜誇自稱：「末學一心念佛六七年，每天十幾個小時，成就淨念相繼之功夫。」（見《實義》P5）又云：「末學的持名念佛就像大火炬一般，任何的煩惱、習氣、妄念之乾草，一旦現起，就會被此念佛力量之大火炬燃燒而化為灰燼。」（見《實義》P7）此等自誇的惡派，散見各處，以凡濫聖，罪過不淺！

縱觀歷代祖師大德弘法利生，悉皆卑以自牧，以慚愧莊嚴自己的道心德業。善導大師自稱「惡業凡夫」，蓮池大師自謙「末法下凡，窮陬晚學」，省庵大師自抑「不肖愚下凡夫僧」，印光大師恆稱「常慚愧僧」「粥飯庸僧」。不曾見誇耀功夫、大言不慚的善知識。對比之下，是善知識還是惡知識，自當涇渭分明。

以上略陳三點，自可窺斑見豹，至於書中散見的謬見，諸如「持名念佛最好不要用口稱念」(《實義》P7)、「名號不是實相」(《實義》P142)、「祖師常作一些方便之開示,然方便開示,雖有必要,卻也造成諸多後遺症」(《法門》P5)等謗法謗祖師的言論,不一而足,無暇細辯。伏冀淨業同仁仰遵聖言量與祖師的思想,死盡偷心,信願持名,矢志極樂淨土,庶幾今生解脫有望,萬修萬人去。否則,誤聽人言,邪見入心,求升反墮,可不哀哉!

07 問:有人說成佛一定是在娑婆世界,往生到西方精進修持後還是要回到娑婆世界來,因為成佛一定在娑婆世界,極樂世界只是修學的地方,成佛不可能在極樂世界。

答:

這個說法無經典依據,是不正確的觀念。阿彌陀佛第十一願「正定必至涅槃願」,表明帶業往生的天人,一到極樂世界,便可入大乘正定聚,決定一生證到大乘涅槃佛果,表證在極樂世界即可成佛。然往生者證到無生法忍之後,也可以到娑婆世界示現八相成道,那僅僅是示現而已,所以你想在一生補處的位置來娑婆世界成佛也可以,但是絕對不能說西方極樂世界就成不了佛,一定要到娑婆世界才成佛,這是毫無依據的!對淨土法門之修因證果,我們不要隨便用凡夫的思維去捉摸出一些觀點來,這些都是謬論。事實上西方極樂世界是很好修學的地方！是快速成佛的地方！一去就是阿鞞跋致，得到三種不退，三種不退即是成佛的異名，是故西方極樂世界是九法界眾生疾速成佛的勝妙道場！

08 問：近來有一助念團很有影響，據說很多生前不信佛或者橫死的人經過其助念，也能額頭發熱。請問這能不能證明亡者就往生淨土了？如果助念得力是不是就能百分之百往生？

答：

最近常有信眾諮詢，云有某助念團大量流通光盤與講法材料，其中有些說法令許多正信的居士心存疑竇，初入門的居士趨之若鶩。本來發心幫他人臨終助念是一件好事，但其觀念與做法偏離淨土法門的原理，便有疑誤眾生的可能。譬如亡者臨終是否往生，只能從信願行三要素來考量。其人具足信願稱名，一定能蒙阿彌陀佛的願力加持，往生淨土。如果其人生前不信佛，不具有信願行三資糧，那是絕對不可能往生的（除非是在中陰身階段，經開導能生起求願往生之心，然這種情形是極為稀有的）。要明白任何人往生淨土，都是仰靠阿彌陀佛的悲願神力加持得以成就的。助念只是幫助這個病人提起信願行的正念，完全是輔助性的行為。所以助念過程中，尤其要

■〔朝鮮〕《般若龍船圖》

着重做好對病人的開導，令未有信願者生起信願，已有信願者得以相續堅固。《觀經》九品往生中的下三品往生者，悉是造作眾惡將下三惡道的眾生，臨終遭受種種的痛苦與恐懼，這時遇到善知識以慈悲心向他介紹阿彌陀佛的弘願威神、極樂世界的清淨莊嚴，勸勉念佛求生淨土。這惡人蒙善知識開導，頓生信願，稱念佛名十聲，感通佛力，帶業往生。可見善知識在病人臨終時至關重要的是向他介紹阿彌陀佛的威神願力，令他對阿彌陀佛產生信心，成辦往生大事，絕對不是靠助念人員的力量令病人往生。那種認為「我們拼命助念，像亡命徒一樣大聲喊阿彌陀佛，來證明我們的願力定能壓住亡者的業力，送其往生」，乃至說甚麼「不管生前信不信佛，只要助念得力，就能百分之百往生」等觀念，都是與淨土往生原理不相應的謬見，希望淨宗同仁不可輕信，應在平日培植深信切願，在老實念佛上下功夫。只要吾人信願持名乃至十聲（含平時），阿彌陀佛臨命終時定來接引。對阿彌陀佛大願的莊嚴承諾，我們應生決定的信心、安心。往生一事是阿彌陀佛悲願早已為我們完成的，我們只要仰憑救度就好了。建立決定往生的信心後，每日念佛或一萬、三萬、五萬，增上往生品位。如果不在自己信願持名上着眼，而只對臨終助念往生抱僥倖心態，便是本末倒置了。

09 問：有人說，往生淨土是萬修一二去，而東林法音說，往生是萬修萬人去。請問有何依據，能否詳細開示一下？

答：

是萬修一二去還是萬修萬人去，一定不要遺落其前提，即是具足信願持名，乃萬修萬人去。不具足信願，浮泛念佛，即萬修一二去，甚或萬修無人去。是故，淨土經論，歷代祖師弘教撰述，苦口婆心，重重勸勉，無非令眾生破疑生信，成辦往生大事。萬修萬人去乃阿彌陀佛的大願傳達信息：阿彌陀佛發深重誓願度盡十方一切眾生，十方眾生至心信樂，欲生彼國，乃至十念，悉皆往生，如果仍有念佛眾生不能往生的話，法藏菩薩發誓便不成佛。現在法藏菩薩已然成佛，說明十方一切念佛眾生都能往生，即若已願則已生，若今願則今生，若當願則當生。阿彌陀佛的慈悲願力，如天普蓋，似地均擎，大造之中，不遺一物。只要具足信願，萬修萬人去。這句話是出自永明延壽大師的《四料簡》，偈云：「無禪有淨土，萬修萬人去，若得見彌陀，何愁不開悟？」意謂：行人參禪未能明心見性，然具足信願念佛，如是所有人修念佛法門，所有人都能蒙阿彌陀佛願力攝受，往生到極樂淨土。到彼土蓮華開敷，覲見阿彌陀佛，即能悟證無生法忍，不會有不能大徹大悟的憂愁。永明大師是禪宗法眼宗的第三代祖師，同時也是淨土宗第六代祖師，有彌陀古佛再來之傳聞。印光大師對這個《四料簡》推崇為「乃大藏之綱宗，修持之龜鑑」，誠為千古不刊之定論。不僅現今眾生信願持名是萬修萬人去，乃至到刀兵劫的時候，眾生只要能信願念佛，照樣可以萬修萬人去。阿彌陀佛的大願是超越時空的，大悲憫念眾生，如母憶子。只要眾生有一念回歸極樂故園之信願，阿彌陀佛便會攝受不捨。這是佛言祖語給我們的一種鐵的印證，真實不虛，慈悲之極，吾人千萬不要去懷疑。

10 問：信得及、五逆十惡亦能往生，所以不需要戒煙、戒酒乃至殺盜淫妄等，所做惡業，障礙往生否？

答：《觀經》所述具造五逆十惡的眾生，臨命終時地獄猛火現前，此時善知識為他慈悲介紹阿彌陀佛的光明威德，勸其念佛。此惡人信願持名，蒙佛加持，得以往生。這是從救度眾生的角度展示阿彌陀佛不可思議的慈悲拯救的力量，吾人宜由此增上對阿彌陀佛淨土法門的信解與感恩。如果不是從這個層面理解接納阿彌陀佛的慈悲願力，而是將此作為造作惡業的辯護，認為「五逆十惡之人都能往生，我現在殺盜淫妄也沒有關係，反正臨終念佛也能往生」，如果作這種理解，可謂醍醐翻成毒藥了。須知一個淨業行人聞信淨土法門，一定要奉行淨業三福，世間福為：孝養父母，奉事師長，慈心不殺，修十善業。出世間小乘福為：受持三歸，具足眾戒，不犯威儀。大乘福為：發菩提心，深信因果，讀誦大乘，勸進行者。此淨業三福乃是十方諸佛淨業正因，我等眾生宜常隨佛學。十方諸佛是這樣做的，阿彌陀佛也是這麼走過來的，怎麼可以說不需要戒煙、戒酒乃至恣意殺盜淫妄呢？佛教徒犯殺盜淫妄戒那是犯根本戒，按通途佛法判斷，不通懺悔，直入地獄。不持戒的人就不夠一個佛教徒的資格！由於業障深固，念佛也難得與佛力感應

■〔十四世紀〕《阿彌陀如來接引圖》
哈佛大學藝術博物館藏

道交。所以我等淨業行人當深信因果，持戒念佛，矢志淨土，才是正途。

11 問：有人認為，現在念佛人是萬修一二去。而打地藏七很殊勝，地藏七將會實現念佛人的成片往生，只有修地藏七，往生的概率才會大大提高。是這樣嗎？

答：

能打地藏七，與地藏菩薩有甚深的法緣，我們要隨喜讚歎！然對於淨土法門來說，信願執持「南無阿彌陀佛」的名號，才是往生的正因。一門深入，往生的概率才會大。不是念其他佛菩薩名號，往生概率將會提高，這種觀點是沒有聖言量依據的。

實際上，地藏菩薩在因地是發菩提心，執持佛號，才得到真實利益的。這在地藏菩薩作婆羅門女及光目女時即可佐證。而在果地化他上，地藏菩薩更是殷勤勸勉眾生，臨命終時執持佛號，以求解脫。而阿彌陀佛是佛中之王，是故若有眾生能至誠稱念「南無阿彌陀佛」名號，那地藏菩薩一定會由衷地隨喜讚歎，並會慈悲加持。

12 問：有一種說法，說讀《地藏經》三百遍以上，基礎打好了，念佛才易相應。因聽

師父講解《無量壽經》，開始想讀誦《無量壽經》取代讀誦《地藏經》，不知這樣可否？

答：這個說法在淨土法門中沒有聽說過，甚麼叫基礎打好了，念佛才易相應？這本身就是一個抽象模糊的概念。與阿彌陀佛悲願相應，唯從信願下手。從淨土專修來觀照，你能發心專門來讀誦《無量壽經》最好。《無量壽經》乃大乘佛法的一部大總持的寶典，亦包含着《地藏經》中的理念。阿彌陀佛發願度盡阿鼻苦眾生，不就是地藏菩薩悲願的展示嗎？所以以讀誦淨土五經作為淨業基礎，以深信切願執持名號感通阿彌陀佛願力。感應道交，必得往生彼土，圓成佛果。

13 問：有一位女居士，因為婚姻失敗，十分痛苦，不想活下去，決心要厭離娑婆，一心求往生，請求法師和居士們為她助念。她本人沒甚麼大病，就通過十多天絕食，終於走了。能往生嗎？這樣做對嗎？

答：由於世間的婚姻失敗，十分痛苦，產生厭離之心，絕食一心求往生，在這種情況下又有居士幫她助念，自己的願心非常強烈，阿彌陀佛慈悲不捨任一眾生，從佛的無條件慈悲接引層面來看，是可以往生的。但這樣非正常死亡求往生的情態，佛門是不提倡的。吾人投生到娑婆世界五濁惡世末法時期，生命本質上都是痛苦的，對此我們要有一種空性的智慧來看破它、接納它、忍受它，由此生起厭離娑婆、欣求極樂之信願，此亦是即煩惱為菩提。勉力在這個世間念佛修行，積功累德。須知，在娑婆世界齋戒清淨一日夜，勝過西方極樂世界修行百年。懇切念佛，臨命終時，阿彌陀佛與觀音勢至一定會來接引的。所以念佛行人當隨分隨力念佛，一切交給阿彌陀佛，隨順自己命定的壽數為好。否則，捨壽求往生的做法，或會引起社會人士的誤會，有損於佛教形象。

14 問：經常有人說「能行即是佛，何須念？」這個知見對嗎？

答：

首先得釐清概念，甚麼叫能行？行甚麼？一般講能行持，有行力，是真修實幹，諸如五戒、十善，出家人持具足戒、修六度萬行，以及參禪念佛等。所以「能行」中就包含着念佛。至於能行只是作功夫的過程，還不能說「即是佛」。從理上說，吾人現前介爾一念，具足如來智慧德相，然全體汩沒於吾人無明、煩惱、分別執着裏面，

■〔日本〕《觀心十界曼荼羅圖》

所以從事相上說，吾人現是迷惑顛倒的眾生。由是正宜透過持戒念佛來把吾人本具的佛性展現出來，這叫「託彼名號，顯我自性」。由本覺生起始覺，始覺與本覺的契合，到達究竟覺；由性德生起修德，修德有功，性德方顯。如是知見方為正確，謹防蹈豁達空之窠臼。

修道就是修心，心就是念頭。念頭安立在何處，宜諦審考量。一心具足十法界。當吾人信願執持彌陀名號時，佛法界即現前，九法界即退隱。「是心作佛，是心是佛」真實不虛。而不念佛，不憶佛，按歷劫的慣習，是心便會繫緣五欲六塵，造作輪迴之業，所以念佛是善行中的第一善、至善。能如是將念頭安立在六字洪名上，在行為上奉行淨業三福、十大願王，孜孜求生淨土，就是解行並進，即是於此娑婆穢土最勝妙的修行。

15 問：我是一位初學佛者，有很多事情都還不懂。現在有很多人在修某某上師的法，聽說某某上師是當世的活神仙，只要一炷香，你所求的事情，上師都能給你解決。這是真的嗎？我們可以修這個上師的法嗎？

答：

作為佛弟子，要常隨佛學，三寶弟子，是皈依佛、皈依法、皈依僧。僧是僧伽，即以六和敬的原則組成的四比丘以上的僧團，不是皈依某個上師、法師、和尚。佛弟子首先把三皈依做好，這是一個基本原則。不管哪個上師說的法，如果能與佛經聖言量相應，便可信受，否則便有極大的風險。對於出家比丘，不宜稱為當世的活神仙；神仙屬六趣之一，仍是輪迴之業力凡夫。求神仙而不去求阿彌陀佛，這不是顛倒嗎？你只要稍有點正知見，都會有一個明確的判斷。學佛行為宜平實，不要去追求神奇怪異的事情。俗云：「和尚不作怪，居士不來拜。」居士好樂稀奇古怪，於是所謂活神仙等，以神奇聳動人心，謀求名聞利養。這是末法季秋之普遍現象，正信佛弟子當遠離，至禱！

五、戒如冰雪

■〔明〕項聖謨《冰梅》

01 問：弟子沒有受戒前盡量按照五戒的標準來要求自己，受戒以後感覺如臨深淵，如履薄冰，這種心態是不是不好，會影響修學嗎？該以何種態度來持戒才能更圓融一些呢？

答：

首先，你能夠去受戒，這表明你有道心了。受戒的目的是甚麼？佛陀制戒的本懷是為道制戒，是為求證菩提佛道來制戒的。戒的種類有在家居士的戒，有出家五眾的戒。無論是出家在家的戒，都有一個共同的特點，即是針對我們的煩惱而施設的。煩惱是病，戒法就是藥。我們的心就像野牛，就像烈馬，就像狂象，如果沒有約束，牠就會到處狂奔，踐踏苗稼，所以戒就是一根韁繩，把這個野牛，用韁繩拴住牛鼻，當牠要跑的時候就要及時地拽過來。所以這個戒是對治我們貪瞋痴三毒煩惱的。殺盜淫妄酒是最重的煩惱，是最遮蔽佛性的，所以要用戒的韁繩把這想犯殺盜淫妄的惡的心理傾向阻斷。所以我們一定要去受戒。

有的人說，我學佛，只受三皈，不受五戒，但自持五戒，行不行？固然你想去受持比不受持要好，但是你真要修行，還是一定要經過受戒的儀規，讓一個法師在佛前證明，還有一套授受的儀規，它就是羯磨法。透過授受儀規的傳授，讓你在自心裏生起一種止惡防非的功能，這種功能就叫無作戒體。你獲得這一種戒體後，當境界現

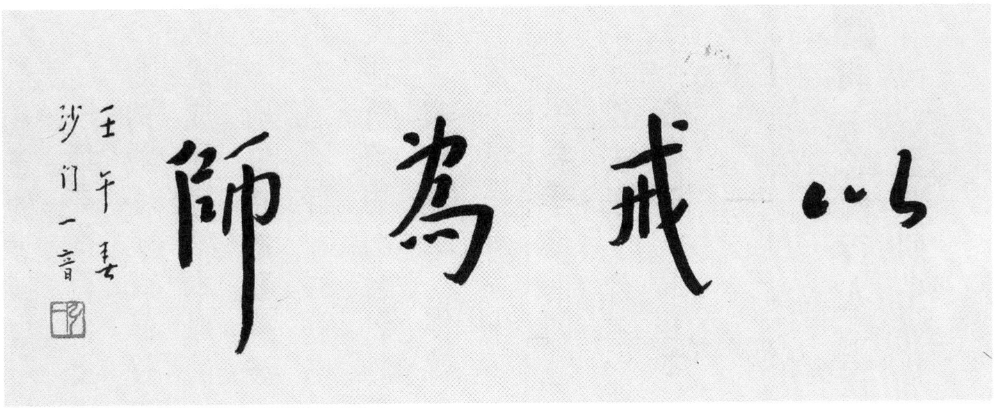

■〔近代〕弘一大師《以戒為師》

前，比如財色名食睡這些誘惑的境界現前的時候，無作戒體就發揮作用了，他就會馬上對這個境提醒自己所受的戒相，由此生起戒行，就會產生一種戒的對治力量，能使我們面對誘惑如如不動，身口七支不違犯戒法。

受戒之後如履薄冰，這是好現象，要增強自己的持戒意識，要把持戒上升到比生命更高的程度。何以故呢？我們這一期業力感召的虛妄的身體，遲早是要死亡的，我們不能為了這個身體的舒適、享樂去破戒，因為破戒損害的不是肉體，而是法身慧命。破了這四條殺盜淫妄根本戒，那下地獄是決定的，一墮地獄就萬劫難復了。

所以對一個真修行人來說，寧可守戒而死，不可破戒而生，要把持戒提升到超越生命價值的高度，捨生取義，殺身取仁。這個身體和我們所受的戒法，如果在非常衝突的狀態當中，魚和熊掌不能兼得的時候，我們一定要取仁、取戒，而不要取虛幻的身體。這個價值判斷能加固我們的持戒意識，令自己在與百萬魔軍對峙的過程中，能夠以強大的力量壓倒魔的力量。你不要去學圓融啊！持戒就是很嚴謹的，規規矩矩的，來不得一點欺騙的。因為佛的戒律當中，說你是不是犯戒，不僅要從行為上去判斷，更多的要從你的動機上去判斷，就是你的念頭。你起了一念的殺心，就算沒有付諸行動，但這一念殺心都會有因果的，如果再加上行為，那就構成了犯根本罪的條件。

所以持戒要嚴謹，不要說我持了五戒，乃至於對喝酒我要圓融啊！沒有關係，如果喝酒不醉，我可以喝，為了養生、為了長壽喝一點沒關係，應酬喝一點酒沒關係。這些所謂的圓融對於真正修道的人是不可以的，我們要聽佛的話，酒是引發無明的毒藥，酒是毒水，你就是用小草沾了一點點酒放在口裏都是不許可的，更何況你還要喝一杯，還要喝多少杯！

不要學這個圓融。如果你把學佛當作開玩笑，遊戲人生，那你去圓融，就圓融到三惡道去了。你不能持就不要受，受了你一定要去持，這些我們都要好好地去認清楚，尤其對一個念佛行人，一定要持戒。持戒念佛才能夠跟阿彌陀佛感應道交，成辦淨業。

02 問：念佛行人，在只能粗持五戒的基礎上，能上品上生嗎？我常想，自己真的就是罪惡生死凡夫，往生時也只配下品下生，這樣想對嗎？

答：

古人云：「取法乎上，僅得其中。」意謂立志追求最高的目標，結果得到的僅是中等水平的成就。若初時的目標就是中等水平，那結果得到的可能是下等水平的成績。若初始發心就是下等水平的，結果可能一事無成。是故，吾人修行心態還是要以上品上生作為目標。

若能圓發三心，修行六念，解第一義諦，盡形壽精進念佛，或可蒙佛垂慈而上輩三品往生。若或業障煩惱厚重，只能粗持五戒，亦要堅固信願，隨分隨力念佛，蒙佛慈悲加持，臨命終時帶業往生，或中輩或下輩。總之，於此娑婆濁世、輪迴路險之際，只要能長揖三界、往生西方，哪怕下品下生，甚或邊地疑城往生，也是值得慶幸的。

03 問：皈依之後在行為上要注意哪些？《地藏經》上說：「若遇非理毀用者，說所求闕絕報。」請問這句話如何理解？

■〔北宋〕周敦頤《愛蓮說》

答：

皈依後，要把三皈依戒法落實在行動上。自皈依佛，就不皈依外道邪魔；自皈依法，就不皈依外道典籍；自皈依僧，就不皈依外道邪師。不可受了三皈依，還去信外道、氣功等。至誠求受三皈戒法者，能得護法善神護佑。三皈弟子要深信世出世間因果，慎獨自律，諸惡莫作，眾善奉行，要相信西方極樂世界阿彌陀佛的實存，至誠求生淨土。行為上孝順父母，奉事師長，慈心不殺，修十善業。要身心柔軟，具慈悲心，淡化我執，放下我慢。身心清淨，則世界淨。莊嚴國土，人人有責。所以你的行為、你的人格、你的氣質，都要有一個大的改變。

《地藏經》上這句話「若遇非理毀用者，說所求闕絕報」，是說因果的對應報。用者，指器具之用，如犁、鋤、傘、蓋、舟、車等。「非理」是沒有理由的毀壞，或出於氣憤毀壞自己的器具，或惡心損壞他人的物品。如果存有這樣的心行，自然會感召未來需求器具闕絕之報。這句經文教示我們得愛惜一切物品，不可暴殄天物，比如對五穀食物，要惜福，不可擺排場而浪費絲毫。大自然的五穀雜糧與種種非再生資源，都不能去糟踐浪費，如果去糟踐就屬於「非理毀用者」，由此你下一輩子就所求不得如意，這種觀念可用作建構節約型社會的哲學理念。

04 問：我們要怎樣在經濟條件差劣的情況下，下定決心戒賭？

答：

賭博是一種根源於貪欲的不良行為，現在已經發展為一種帶有普遍性的社會問題。尤其是低收入者，越窮越想賭，抱着僥倖的心理，想通過賭一把發大財，然而往往是越賭越窮，甚至執迷不悟，越賭越上癮，最後落得傾家蕩產的下場。這一念貪心眾苦之本呀！一個學佛的人不僅不應出入賭場，相反要修布施，把自己的福報布施給一切眾生去享受呀！如果自己沒有錢，對他人布施的善舉隨喜讚歎，也有一份福報。須知財富從布施中來。學佛者應安分守己，知足常樂，素富貴行乎富貴，素貧賤行乎貧賤，不可以僥倖貪欲的心想撈人家一把啊！所以你得下定決心戒賭。當你這個賭癮要起來的時候，你趕緊在阿彌陀佛面前磕四十八個響頭啊！懺悔業障！至誠懇切地念佛，自己要管得住自己，若煩惱重，自己難以做主，更要仰靠佛力。六字佛名內具萬德，執持名號把我們自性的無量壽、無量光顯發出來，就能管住自己。無量壽的寂定令自己如如不動，無量光的智慧能了達諸法的空性，以對治自他賭博所帶來的身心上的痛苦。己所不欲，勿施於人，人身難得，光陰易度，趕緊利用難得的光陰勤修道業，哪有閒暇顧及他事，尤其是自他俱損的事情。淨業行人一定要痛下決心，戒賭淨心，厭離娑婆、欣求極樂，成辦淨業便會一了百了。

05 問：破戒後，有補救的辦法嗎？破戒後認識到自己的錯誤並真誠懺悔，也得下地獄嗎？

答：

殺、盜、淫、妄、酒，前四戒為性戒，又為根本戒。毀破根本戒，稱斷頭罪，意為頭被砍下來，無法接上去，不可救了。在戒律中，稱不通懺悔，必下地獄。所以對受戒、持戒，要嚴肅認真地對待。受戒是在佛菩薩前的莊重承諾，籌量自己的根機能力，或受滿分戒，或受多分乃至一分戒。只要受了，就得一絲不苟地行持，寧可守戒而死，不可破戒而生。如是求戒、受戒、持戒功德無量。這一切都是自動自覺的，戒律既具有原則性，也有變通性。出家修行也是自己發心的，沒有誰來強迫你。出家得奉行出家的戒法，如世間法放不下，還可以捨戒還俗。還俗一段時間，又想出家，還可以出家。可以七次往返，這是對男眾的施設，女眾只有一次機會。破戒後，認識到自己的錯誤，真誠懺悔，固然比不認識自己錯誤、不懺悔強，然就聲聞戒律而言，犯根本戒的罪

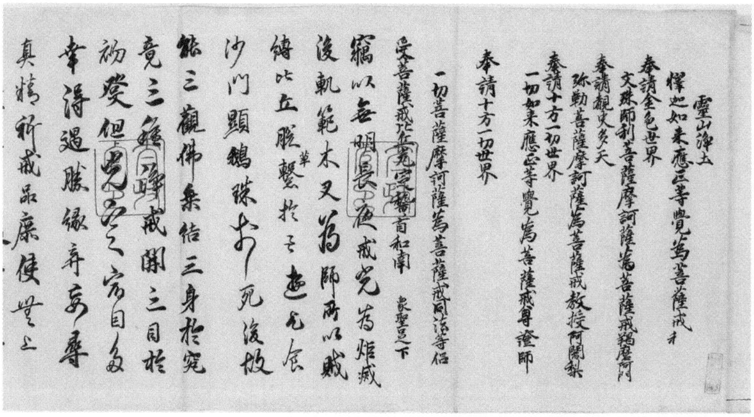
靈山淨土
釋迦如來應正等覺為菩薩戒和尚
奉請金色世界
文殊師利菩薩摩訶薩為菩薩戒羯磨阿闍梨
奉請覩史多天
彌勒菩薩摩訶薩為菩薩戒教授阿闍梨
奉請十方一切世界
一切如來應正等覺為菩薩戒尊證師
奉請十方一切世界
一切菩薩摩訶薩為菩薩戒同學等侶

■〔日本弘仁時代〕《僧光定戒牒》

是懺悔不了的，果報在地獄。

所幸淨土法門給了破戒行人一線生機。《觀經》下品中生就是針對破戒的眾生施設的，經云：「或有眾生，毀犯五戒、八戒及具足戒。如此愚人，偷僧祇物，盜現前僧物，不淨說法，無有慚愧，以諸惡業而自莊嚴。如此罪人，以惡業故，應墮地獄。命欲終時，地獄眾火一時俱至。遇善知識，以大慈悲，即為讚說阿彌陀佛十力威德，廣讚彼佛光明神力，亦讚戒、定、慧、解脫、解脫知見。此人聞已，除八十億劫生死之罪。地獄猛火化為清涼風，吹諸天華。華上皆有化佛菩薩，迎接此人。如一念頃，即得往生七寶池中蓮華之內。經於六劫，蓮華乃敷。」證知破根本戒必將下地獄的人，阿彌陀佛悲願予以救度，彰顯阿彌陀佛威神願力不可思議。吾人當如是領納彌陀的悲願，生感恩心，然不可以此作為放逸破戒的藉口。念佛行人宜奉持淨業三福，持戒念佛，求生淨土。

06 問：據說蔥、蒜有防癌的作用，如果是，淨業行人能否食用？

答：

蔥、蒜等屬於五辛，佛的制教是不許可食用的。何以故？葷辛菜臭味妨礙修法，葷辛之氣，能引發色身的欲望。《楞嚴經》云：「是五種辛（大蒜、茖蔥、慈蔥、蘭蔥、與渠），熟食發淫，生啖增恚。如是世界食辛之人，縱能宣說十二部經，十方天仙嫌其臭穢，咸皆遠離。諸餓鬼等，因彼食次，舐其脣吻，常與鬼住，福德日銷，長無利益。是食辛人修三摩地，菩薩、天仙、十方善神不來守護，大力魔王得其方便，現作佛身，來為說法，非毀禁戒，讚淫怒痴。命終自為魔王眷屬，受魔福盡，墮無間獄。」

如遇治病非蒜等不能治癒的特殊因緣，亦有開緣，然須到僻靜處別室食之，不得入佛塔僧堂，不得入僧浴室，不得上都圊（圊，即廁所）內。病癒後，待斷食蒜等更七日後，臭氣都盡，沐浴浣衣，香熏後方可入僧眾處（具如律中所明）。菩薩戒云：非但禁止單食五辛，即一切菜中，雜有五辛，亦不得食。作為佛弟子，應謹遵釋尊的教誨。佛是一切智人，難道佛不知道五辛亦有些微防病的功能嗎？知道而又明顯嚴制，乃佛重視我等眾生法身慧命故。吾人不可以身見的執着，聽信一般人標新立異的知見，以致荒廢自己的道業。

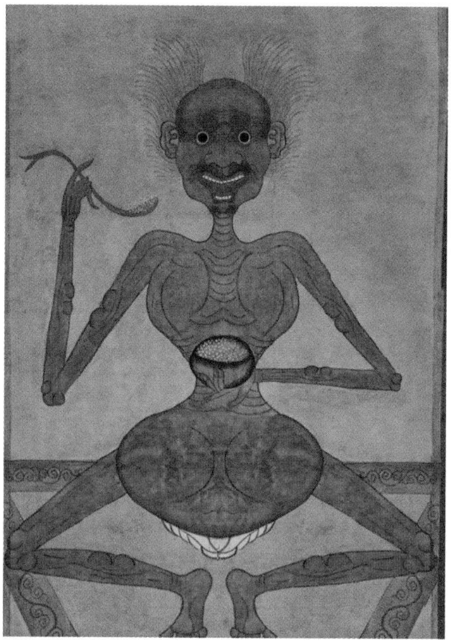

■〔西夏〕《面然大士餓鬼像》

07 問：現在有的法師提倡念佛不需要持戒，並且說現在連出家師父都沒有持戒的了，請問您怎麼看待這個問題？

答：

這個說法是邪知邪見，大家不要去聽。念佛怎能不持戒呢？作為佛弟子，首先得要三皈五戒呀！淨業三福裏面，第一福就得要修十善業，第二福就得要受持三歸，具足眾戒，不犯威儀。佛在大乘經典中，千經萬論處處勸勉讚歎持戒的功德，怎麼說不需要持戒呢？有人說，末法時代眾生持戒持不清淨，所以就不需要持戒，這個說法有混訛，要辨別清楚。作為念佛行人，一定要按照佛的制教來受持戒律，居士的五戒、出家眾的二百五十條戒律，要盡自己最大的努力去持，因為戒律是佛教的壽命，是佛教的幢相。如不持戒，佛教就會在這個世間上提前消亡，唯有戒律能使佛教生存與發展。佛在臨涅槃的時候殷勤顧命：以戒為師。能夠受持波羅提木叉，就如同佛在世啊！一部《涅槃經》就是扶律談常啊！扶持佛的戒律，廣談常住真心；《遺教經》也殷勤地勸說持戒。作為佛弟子，怎能不聽佛的話呀？佛這麼強調戒律，他怎麼說不需要持戒呢？這是原則性問題，淨業行人必須明白。至於說持戒持不清淨，那是另外一個問題。首先我們要有一個持戒的態度，盡自己最大的努力去持。難道五戒就不能持嗎？不殺生，難道一天到晚想到要殺人嗎？不偷盜，作為一個學佛的人還想要偷別人的東西嗎？不邪淫，難道學佛的人還去流連花街柳巷？這些都是做人最起碼的道德，為甚麼不去做呢？至少在身口七支，你要把五戒做到；至於內心清淨，那是需要佛法長期熏習的。起碼你在行為上能做到它吧！說出家人都沒有持戒的，這個觀點就更說不通了。自古以來僧團難免魚龍混雜，社會上傳言某些出家眾做得不如法，不持戒，甚至一些假和尚到處化緣、趕經懺，弄錢甚麼的，確實有這些現象。但是要看到，在這個時代僧團主流是好的，有很多比丘、比丘尼非常有道心、非常信因果的。那些真有道心修行的僧眾，往往不出頭露面，默默無聞地修行，一般人也看不到，住持寺院叢林的僧眾也有許多發大心行菩薩道者，這些都值得我們去恭敬、去護持。那麼這些持戒的出家眾在住持佛法，利益眾生，他們一定能夠往生淨土，而且品位不在中下。中國淨土宗祖師悉是持戒念佛，吾輩淨業行人應當將持戒念佛的家風在現代發揚光大。

08 問：弟子這裏有法師來，可是有師兄卻說是奔他而來的，就請到自己家裏去，自己去供養，不給其他師兄機會，這樣是犯戒嗎？

答：

我們每個學佛的人都要反省：學佛是學甚麼？我們有很多煩惱和執着，很多是來自一個「我」，所以首先要破我執。有這個「我」就會心量狹隘，就會以自己為圓心畫圓圈，以自己的利益好壞來判斷、來行為，自私自利。所以破了一個小我，進到一個大我，甚至無我的階段，才會出現菩薩的心量、菩薩的精神、菩薩的行為。菩薩的行為是甚麼？好事給他人，壞事留自己；不為自己求安樂，但願眾生得離苦，這才是修佛法的行為。如果碰到一個很好的法師來，如果是一個有菩薩精神的人，他會趕緊讓自己的師兄來分享佛法。如果只能一個人得到利益，他就會把這個機會讓給他的師兄，這是修道人。如果說這是個好東西就趕緊佔為己有，別人不能沾好處，那你哪裏是修行啊？你是修凡夫法，修輪迴法，修強化我執的法。再加上真正有正知正見的法師，也不存在就奔你一個人來的情況，法是屬於所有眾生的。如果一個法師說：「我就對你一個人好，我對你講法，我對你傳甚麼法，其他人我不理睬。」那這個法師還是搞人我是非這一套，搞個人的勢力圈子，還在搞山頭，實際上還是離不開名利。對這樣的法師，你可以敬而遠之。

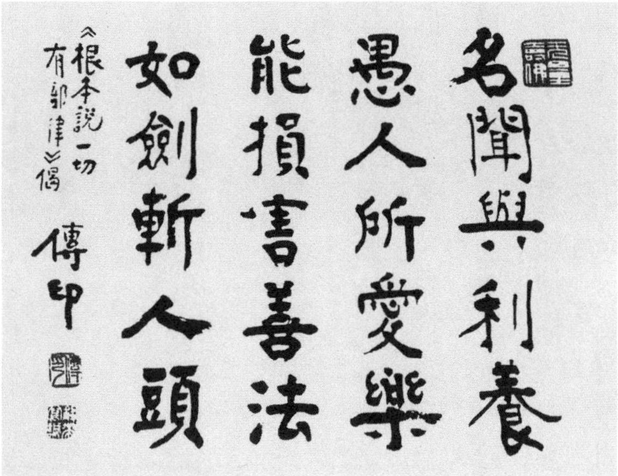

名聞與利養
愚人所愛樂
能損害善法
如劍斬人頭
《根本說一切有部律》偈
傳印

■傳印法師墨寶

學佛的人是皈依三寶，皈依佛、皈依法、皈依僧。皈依僧這個僧是「僧伽」的簡稱，僧伽的意思是「和合眾」，就是用「六和合」的原則來組織一個四人以上的僧團才叫僧伽，所以不是某個比丘，單個法師是夠不上「僧」的。這就像樹和樹林的關係，一棵樹不能叫樹林，一定是眾多樹才能稱為樹林。所以有的居士連皈依僧都做得不如法，他不瞭解如何是皈依僧。皈依僧就是要用平等的恭敬心恭敬僧團當中所有的比丘，可不是說這個人是我的師父，那個人是你的師父，你的師父不如我的師父，就搞這些東西。如果搞這些東西，那你是在破壞僧團。這些凡夫的知見，我們一定要好好地檢討。我們無量劫以來在這裏輪轉修行，沒有得到利益，就在這狹隘的心，那是你的，這是我的，這是好的東西，我不能讓你得到，這位法師我自己供養，不給其他人機會。這正是我們要修行、要破除的東西，你還要讓它滋蔓，以這種心態修行是很難得到受用的。

09 問：配偶已邪淫有年，怎麼講都不改，請師父開示怎麼辦？

答：

這是這個時代帶有普遍性的問題。隨着經濟的發展，以及受及時行樂的思想誤導，加上種種媒體網路的誘惑，邪淫日趨嚴重。有的人不以邪淫為恥，反以為榮，有情人表明自己有本事。這種道德觀念的顛倒，也說明我們道德廉恥教育的缺乏。淫欲是人最重的煩惱，是生死輪迴之根。對修出世間法者，要徹底對治這個煩惱；對世間人，將此欲求納入禮的範圍，婚姻家庭由此形成。邪淫行為敗壞自己的道德，瓦解家庭，身心受損，名譽掃地，是一樁亟須遠離的行為。尤其是佛教徒要堅持持好不邪淫戒，如淫欲心重，多作不淨觀，作死想，作空想，對異性作父母兄弟姊妹想。同時，多多念佛，以彌陀名號內具的清淨光化解淫欲心，昇華精神層次。吃素，避免一些刺激性食物。這樣，念佛依靠佛力加持，自然會降伏色魔，身心安泰。

10 問：如果由於醫院檢查出了胎兒有畸形，因而犯了墮胎的重罪，丈夫和妻子會有惡報嗎？念《地藏經》能化解重罪嗎？能化解的話，如何迴向給被墮胎兒的亡靈？若念《地藏經》不能化解的話，應該如何化解？請慈悲開示。

答：

首先我們應該要有對生命的尊重，雖然嬰兒是畸形，但他是一個人的生命，他是人的生命就有一次能夠修學佛法得解脫的機會！也許他長得不好看，甚至腳有點殘疾或者甚麼，但是他只要能聽懂佛法，他的生命價值是非常重大的！所以你中斷了他一期得人身修佛法的機會，罪過是非常重大的！所以不可因為畸形而實施墮胎。你先把他生下來，我們要尊重他，不管他畸形不畸形，他投到你家裏做子女就與你有深刻的因緣，你不了這個因緣，就惡緣糾纏，就苦不堪言了，所以要尊重他的生命。

墮胎的因是會有果報的，一旦不明事理而犯了如此的罪過，佛法也是可以化解的，念《地藏經》也可以，念佛號也可以。最終，第一，要把你誦經念佛的功德迴向給這個嬰靈，就是這個嬰兒的靈識，讓他生到善道；然後，重要的是你自己要成就往生西方極樂世界！你能夠自己帶業往生，那麼這個被墮胎的嬰靈想找你的麻煩也找不上，如果你往生不了，那就會冤冤相報，這是一樁你必須要面對的事情。等到你往生之後，你有能力再去救度曾經被墮胎的嬰靈，那時候你得到六種神通，用天眼一看，你不僅今世墮胎一次，可能多生多劫墮了很多次胎了，所以你生起大慚愧心、大懺悔心、大悲憫心，來救度這些曾經被你傷害的眾生。所以在這種情況下，你唯一的一條生路，就是以懇切的懺悔心念佛、求生西方極樂世界為好！

11 問：「善男子善女人」和「男子女人」有何差別？

答：

二者的稱謂有本質的差別，男子女人是對人性別上的分類，而善男子善女人卻有着價值評判。從通途佛法的角度來看，能信因果、信受三寶的功德，繼而求受三皈五戒者悉可稱為善男子善女人。從淨宗特別法門的角度來看，不論在家出家、貴賤老少、六趣四生（胎、卵、濕、化），只要聞信阿彌陀佛名號功德，即是多生多劫善根的成熟。具造五逆十惡者，只要信願稱名，皆可名善男子善女人。

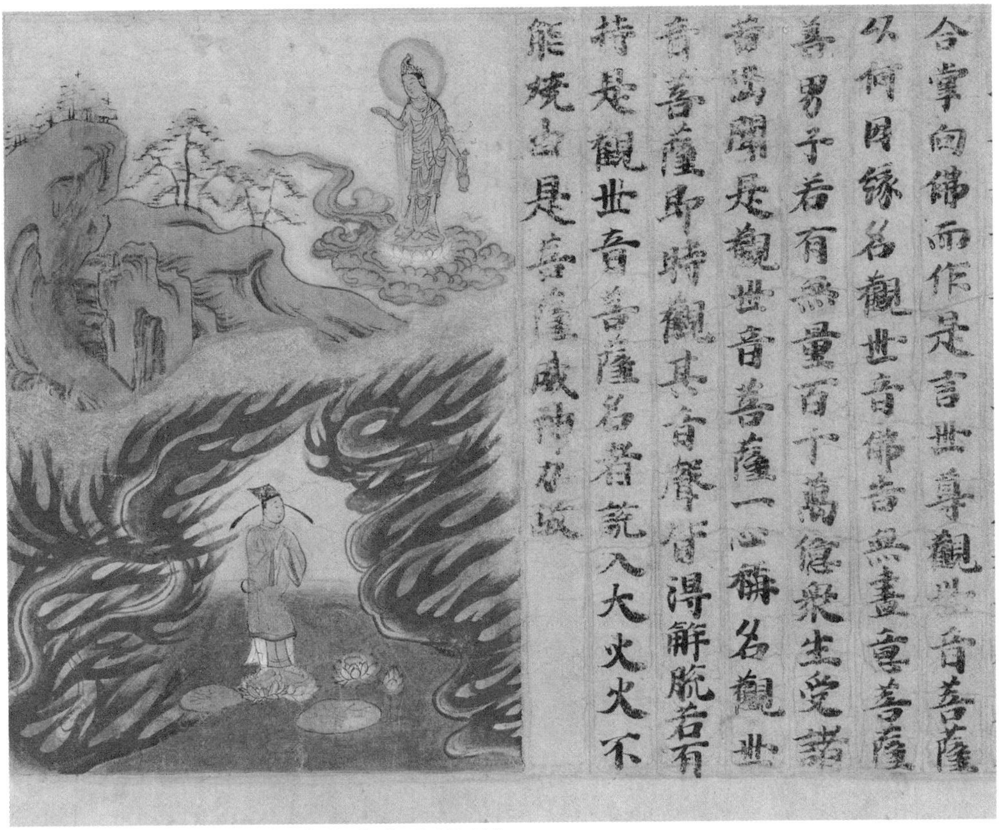

■〔日本鎌倉時代〕《觀世音菩薩普門品》

12

問：我和妻子都信佛，妻子懷孕五個月了，胎兒都能動了，卻被北京婦產醫生診斷為腦部發育不良，自己修復的可能性很小，建議不要這個小孩。我和妻子都捨不得，但又怕生下來，父母着急生氣。目前的狀況，父母也會忍痛按醫生的建議做，他們不信佛。我們也知道墮胎是無法懺悔的重罪，現在我們也很矛盾，每天求觀音菩薩，並讀《普門品》。我該怎麼辦呢？

答：

中國目前墮胎情況非常嚴重，這對個人、對國家都不吉祥，充滿殺生的戾氣，災禍亦會增多。投胎給你們做子女，說明宿世與你們有深緣，你們選擇墮胎，等於親手把你們的子女殺死。這在道義與感情兩方面看，都是不可以的。他能來到世間投胎做人，是他無量劫來的一個修道的機緣，六道中唯人身最適合為修道之器，無論是六根健全，還是可能有生理殘障，都應該接受他。因為這個胎兒的生命具有佛性，這個生命跟你們有甚深的因緣，你接納了這個胎兒，就完成了一個善緣，而去墮胎則結下了殺生的罪業。這次投生可能胎兒還跟你們是善緣，如果墮胎後，他再來投生可就跟你們作冤家了，可不懼哉！不必過分相信所謂科學儀器的診斷，生命本來是不可思議的奇蹟，萬法由心顯現，亦可由心轉化。只要以至誠心、懺悔心持念「南無觀世音菩薩」名號，持誦《普門品》，祈求觀世音菩薩加持，令胎兒六根完備，堅信觀世音菩薩廣大靈感，大慈大悲，有求必應。仰靠佛力，尊重生命為佳。

13 問：請問師父，家裏愛人愛釣魚，應該怎樣對待此事？我應該怎樣做？我是初學佛人，姐姐是一個智障人，有低保

收入，我代替她管理經濟，用姐姐的收入在她不知情的情況下，做一些放生、印書、供養三寶之事，可否？

答：

學佛要有智慧，要有慈悲，要有善巧方便，也得要有寬容的胸懷。你的愛人愛釣魚，站在佛法的立場，固然是一件不好的事，但在社會行為層面，大多數人習以為常。所以你一開始不要與家人產生對立的情緒，不要去過分地指責他，否則家庭就會出現鬥爭。應如何做呢？先恆順眾生，再轉化眾生。你對他釣魚的事情先寬容，引導他學佛，讓他瞭解佛教對待眾生的真理：魚也是生命，也有貪生怕死的本能，多生多劫以來或與我們有親緣關係，魚未來也能成佛。當他瞭解並認同這些道理後，就自然地會離開釣魚的行為。

你的姐姐是一個智障的人，她的經濟由你管理，你如果是用她的錢來放生、印書、供養三寶，一定要徵得她的同意。如果她不同意，你擅自這樣去動用她的錢，就有犯盜戒的可能性，這是違背因果的，因為這個錢是屬於你姐姐的錢。你

■〔清〕王士禛《放鳥圖》

就要跟她交流，告訴她：「做放生、印書這個事情，功德迴向給你，對你有好處。」她聽明白了，點頭了，你做這個事可以；如果你不跟你姐姐講，那是不可以的。如果你萬一要這樣做，就用你自己的錢去放生、印書、供養三寶，將此功德迴向給你的姐姐，那是可以的。

14 問：現在有人說《弟子規》就是佛的戒律，不學《弟子規》，往生淨土就會落空。這種說法正確嗎？

答：

弘揚《弟子規》也是個好現象。由於我們中國大陸近世百年來對傳統文化的邊緣化，童蒙教育缺乏道德內涵，小孩子不知道如何孝順父母，不知道灑掃應對等起碼的行為規範。學學《弟子規》，對世間青少年的道德教化是有正面作用的，但是不能把話說過頭了，《弟子規》不能等同於佛的戒律。為甚麼？佛陀制戒，目的是道宣律師所講的「為道制戒」。佛無論制五戒，還是出家人的沙彌十戒，比丘、比丘尼之具足戒，乃至於菩薩戒，都是為瞭解脫輪迴之苦，求證佛果來制作的，不求天上人間的福德。佛的戒律博大精深，開遮持犯唯有佛才能制定。也只有佛示現在這個世間，我們才有因緣聽聞到佛陀的戒律，不是世間聖人所能夠制作出來的。《弟子規》是世間的善法——世間的行為規範，不是出世間法。這二者是有本質區別的。

■〔唐〕道宣律祖

至於說「不學《弟子規》，往生淨土就會落空」，這更是無稽之談了。往生淨土的條件在信願持名，與讀不讀《弟子規》沒有關聯。沒有學過《弟子規》的人，只要具足信願持名，絕對能感通阿彌陀佛慈悲願力，帶業往生。反之，將《弟子規》嫻熟於胸，行履踏實，然不具足信願，照樣不能往生。所以那種認為「不學《弟子規》，往生淨土就會落空」的說法，是與淨土教理不相應的。

15 問：末法時期白衣上座，講僧團過失，講法出光盤，這樣如法嗎？現在有許多僧人住在居士家，如法嗎？

答：

無論是在正法、像法、末法，住持佛法的主力軍還是僧團。佛教七眾弟子都有護持佛法的職責，僧團為內護，居士為外護。居士對僧團一定要維護其形象，要隱惡揚善，不要輕率地誹謗僧團。僧團自古以來難免龍蛇混雜，我們要看僧團好的一面，要看主流。不能看到少數僧人不良行為，就否認僧團全體品質。尤其不要到處宣說僧團的不是，讓社會人士對佛教的信心產生動搖，這有很大的罪過，我們要謹護口業。若有某個比丘做得不好，如果有緣，可以私下對他進行勸諫；萬一勸諫不了，可以敬而遠之——不親近。若有某僧人行為不端，將會對佛教造成嚴重損害，可向寺院住持稟告，以便僧團內部處理，亦不可向外人隨意宣說。

至於白衣講經說法，所謂白衣高坐、比丘下坐，常被認為是佛教的衰相。佛陀在世的時候也有居士講法，如須達多長者證到初果，他講法之前先得向比丘頂禮，也不升大座，在側位述說佛法精要，這是可以的。尤其末法之秋，僧團人才奇缺，而居士中或有通達佛法者，以謙遜的心態、交流的方式與大家共沾法喜，亦未嘗不可。

至於僧人長期住在居士家，這肯定是不如法的。僧人住在寺院，就好像鳥要投森林棲息一樣。出家人，比丘住在寺院僧團修行，依眾靠眾，相互監督，相互勸諫，道業得以成就。如果住在一個沒有僧團監督的居士家，時間一久，常常會懈怠放逸。一放逸煩惱便容易起現行，嚴持戒律便會遇到挑戰。戒律有虧缺，僧人形象便會大打折扣，乃至失去比丘的資格，後果不堪設想！是故出家人宜住寺院。

六、敦倫盡分

■〔近代〕陳少梅《二十四孝圖・卧冰求鯉》

01 問：如何激發一個人的孝心？

答：

百行孝為先，孝為成就道德人格的先決前提。母子天性相關，孝順報恩乃人之天賦，如果對父母的孝心都喪失殆盡，可謂哀莫大於心死。要激活孝心，首先，要想到沒有父母，便沒有自己的生命。母親十月懷胎，飽受苦惱，孕育自己的生命，一生下來，哺乳三年，慈悲之極。將飯食嚼碎餵養小孩，用自己心血來為我們哺乳；晚上孩子拉屎拉尿，母親便把孩子放在乾的地方，自己睡在尿濕的地方；孩子生了病，母親倍加憂念，恨不得把病移到自己身上來。如是等父母的恩德，雖天地不能喻其高廣！所以我們必得孝順父母。動物都有反哺之恩，何況人呢？其次，應思惟，我們自己也會變老，我們現在孝養自己的父母，讓他們得到一個精神和生活上的安定，那麼，自己的子女將吾人對待父母的態度看在眼裏，我們孝養了父母，子女也會孝養我們。你現在對自己的父母種種不孝順，比如，自己住很寬敞的房子，讓父母住狹小陰暗的房子，那你的兒子以後也會把你放在一個角落裏面去住，不予理睬。再次，孝道能最大限度地開發智慧，促成我們的事業，是最大的福德。供養父母等同供養佛，敬田收穫豐碩。自古以來求忠臣於孝子之門，在家中孝順父母，在單位上必然是一個忠心耿耿、盡心盡責的人，然後他把這一念對父母的孝擴大到對一切眾生的孝，就能成聖成賢。如同地藏菩薩在因地作光目女與婆羅門女一樣，由對今生的父母的孝擴展開來，成就普度一切眾生的悲願。另外，孝還能規範自己的行為，當我們一念要去賭博的時候，思惟自己的身體髮膚都來自父母，如果賭博把自己都賭慘了，父母也會難受啊！讓父母感到痛苦，就不能去做呀！如果造殺盜淫妄的惡業，讓自己的父母都沒有臉見人，我更不能去做呀！所以這一念孝心，還能規範自己的行為，令自己做一個有道德的人、有智慧的人、在社會上能夠建功立業的人，父母感到很自豪，光宗耀祖。如果自己一失足幹了違法亂紀的事，蹲監獄了，可真是不孝之極了。以上種種方法均激發孝心，作為淨業行人，孝養父母是淨業三福之首條，吾人當如教奉行。

02 問：在家佛弟子如何盡善盡美完成孝道？

答：

孝道是淨業行人的一個綱宗要領，孝乃天之經、地之義。吾人之身，藉父母之緣而生。自顧從無量劫來，所飲母乳，多於大海之水；大小便利，污及於父母者，多於大海之水。甚至出生而夭折，累及父母哀痛哭泣，所出眼淚亦多於大海之水。以是義故，父母恩重。故《詩經》云：「欲報之德，昊天罔極。」佛言：「父母之恩，世莫能報。假令左肩擔父，右肩擔母，大小便利，隨之而下，亦不能報。又使盡世間珍饈，供養父母，經恆沙劫，亦不能報。」

吾輩佛子該如何究竟報答父母之恩、圓滿孝道呢？吾人當盡其至誠之心，使父母獲得真實利益。其真實利益乃是令父母深信因果，念佛求生淨土，永脫輪迴之苦，圓成本具佛性。是故，在家行孝，怡聲下氣，順應親心，贍養無缺，完善人格，事業昌達，令父母寬心安慰。出世間戒殺放生，誦經念佛，與父母親共修淨業，將自己的世出世間一切功德迴向父母，共登極樂。父母臨命終時，令生正信，細心助念，感通佛力，令父母九品往生，庶幾慰藉人子之孝心。所謂「親得離塵垢，子道方成就」。

03 問：我悄悄地在寺院給父母立了一個消災牌位，父母始終不知道（父母反對佛教），在這種情況下，父母能不能消業障？

答：

你能以孝心給父母立消災延壽牌位，很好。寺院消災牌位，得大眾念佛功德加持，尤其是僧眾誦經念佛迴向，是會有效果的。同時你亦應至誠念佛，給父母迴向祈福，感通佛力，為父母消除業障。地藏菩薩因地作婆羅門女的時候，她的母親也是不信佛教，誹謗三寶，結果墮到地獄裏面。婆羅門女以純孝之心來供養覺華定自在王如來，蒙佛開示，至心持念覺華定自在王如來的名號，得念佛三昧，到地獄與無毒鬼王

■〔十世紀〕《地獄赦免解脫圖》大英博物館藏

一段對話，得知她的母親仰承她供養佛及念佛功德，從地獄出來，生到天上了。可見為不信佛的父母超度，至誠感通亦是有效果的。你亦可仰效婆羅門女的孝心，懇祈佛力加持，令你的父母現世身心康泰，消除累劫業障，開啟信佛善根，臨命終時，蒙佛接引往生淨土。如是，你對父母所盡大孝方始圓滿。

04 問：修淨土的居士，在世間法與出世間法的認識與實踐上，應持甚麼看法、做法？

答：

修淨土的居士，首先，要建立一個與淨土念佛法門相應的心態與知見，淨土法門是體現了諸佛如來度化眾生的悲智，令一切眾生脫離生死輪迴的苦難，安享涅槃常、樂、我、淨。所以修淨土法門的人，首先要體現出世間的本懷，念佛矢志往生成佛，不是念念佛，修點善，下一輩子得個富貴的身份，或上升到天堂去享天福的。要知道我們今生不能夠往生到西方極樂世界，那結果就慘啦！如果我們發起不了真想往生的心，那麼我們這一生持戒、念佛、修種種慈善事業的事情，下一輩子可能得到大富貴，在富貴中，能保持清醒頭腦的少，迷惑顛倒以富貴造諸惡業者多，這不得不謹慎。所以截流大師開示，如果今生不能夠發出真心到西方極樂世界去修行的話，跟一闡提、五逆十惡的人本質上沒有兩樣。五逆十惡者是當生下地獄，那個不能真心求生淨土的人，是第三世下地獄。下地獄的時間只有一步之差啊！所以我們要加以注意，如果今生不能成就往生淨土的話，下一輩子想保住人身也不是有把握啊！得人身要持五戒（戒殺盜淫妄酒），即奉行儒家仁、義、禮、智、信五常，才有做人的資格啊！試問我們的五戒持得怎麼樣，五常的操守如何呢？所以印祖說：「下輩子保住人身比往生西方淨土還難。」得人身靠自己持戒的力量，而往生淨土靠的是阿彌陀佛的慈悲願力，所以今生能聞到念佛法門，一定要信願持名，今生成辦往生之淨業。

這個往生淨土的信願建立之後，在世間法當中，要落實大乘佛法真諦與俗諦圓融的特質，在世間也要扮演好自己的社會角色、家庭角色。淨業三福就是告訴我們日常生活當中，要孝養父母，恭敬師長，對朋友要有信譽，要吃素戒殺，身、口、意三業趨向純善，這樣你在家庭和單位盡到了自己的本分，便會擁有和諧的人際關係。由於你是世間的善人，又能由福德的積累開發智慧，所以你的事業也會做得越來越好。

學佛不僅不會與世間法矛盾，反而能促進世間事業的昌盛。大凡世間上能夠建功立業，在歷史上留下印記，所謂立德、立功、立言「三不朽」的人物，都是在心性的開發有相當深度的人。比如清代林則徐，以大無畏的氣概燒毀英國的鴉片，這種精神力量來自甚麼地方？我們得知林則徐用非常工整的楷書來寫《金剛經》、《阿彌陀經》、《往生咒》，政務之餘，抽暇念誦這些經咒，才知道他從佛經裏面吸取了精神的養料。近代的思想家像魏源、龔自珍都是虔誠的念佛行人。還有很多的企業家的財富，大多是多生多劫布施的善行所致，今生他又布施，越布施，越有財富，可見出世間法與世間法體現相輔相成，出世間法提升世間法，世間法為出世間法準備資糧啊！

我們在世間首先要有終極關懷的安心，用比喻表示：比如一個人到一個陌生的地方出差，他第一件事是要找好一個住的地方，找到住的地方，安頓了行李，他出去辦事，他心裏很安定啊！哪怕辦事再晚也預定好了地方，這把鑰匙在手上隨時可以進房間休息，這樣，這人才安心呀！如果他沒有找到住的地方，背着沉重的行李去辦事，這辦事的過程便一直伴隨着恐懼不安。辦完事到哪裏去啊？心裏不安呀！這是一般人常見的心態。由此擴大一點說，我們來到這個地球也是出一趟差啊！試問我們找到了住的地方沒有？所以找到地方是一個有理性的人必先解決的問題，然而多少人卻忘了這個事情啊！背上沉重的行李去辦事，追求世間的種種東西，一生都伴隨着不安和恐懼啊！

阿彌陀佛慈悲之極，用這個念佛法門給我們安頓好住的地方，令我們了知生命的歸宿就是西方極樂世界，臨命終時阿彌陀佛前來接引。安心立命的事情解決後，我們帶着愉快的心情去做世間的事業，那會做得很踏實、很快樂。可見，念佛法門是締造安樂人生的妙法。

05 問：末學感覺在家人有負累，不能專心辦道，希望等孩子長到十八歲成年之後，能夠放下萬緣，到清淨的道場專心辦道，成就往生之淨業。請問末學的想法是否可行？

答：

從修行的角度來看，在家人要承擔種種的家庭和社會責任，暫時不能專一辦道，那也是可以理解的。修通途佛法，大多需要放下萬緣，一門深入，方有進境。然念佛法門對在家居士更為對機，即塵勞為佛事，即家庭為道場，隨分隨力念佛。由種種負累，生厭離娑婆、欣求極樂之願心。調整好心態，處處都是道場。當下即懇切念佛，撩衣便行，亦不必等到若干年後，再去專心辦道。阿彌陀佛大願云：「設我得佛，十方眾生，至心信樂，欲生我國，乃至十念，若不生者，不取正覺。」有彌陀慈父的大願攝持，吾人當安心安樂，隨分念佛即可。

06 問：我總想管教我父親的不良習慣：打麻將、飲酒。我覺得父母在精神上對我不關懷，未給予我正確的指導。我是一位精神分裂症患者，已得病七年。我的願望是促進家庭關係和諧，言語溫和，成為一個健康人。我不知道管教父親對不對？請對我進行指導。

答：

你自己都沒管教好，怎麼能大言不慚地管教父親？你之所以出現精神分裂症，就在於你不孝順。你要成為健康人，先從孝順父母開始。父母生養了你的身體，一輩子報恩都報不盡，你還能指責父母的行為嗎？你父母在身體上、精神上，三十年來無微不至地在關照着你。由於你是個忤逆的、不孝的子孫，你不理解父母對你的恩德。首先管住你自己這顆心。你精神狀態不好，心理不正常，一方面來自多生多劫的業障，另一方面今生好心善意沒有生起來。

你目前的問題不要關照別人，先關照你自己。你趕緊把管教父母的念頭徹底放下，這不是作為兒子所應該出現的想法，如果不改變，你就是不孝之人。

希望你每天念一萬聲佛號，懺悔自己不孝順父母的惡業，祈求阿彌陀佛賦予你健全的心智，讓你回到正常的家庭生活和社會生活當中，敦倫盡分；至誠發願求生西方極樂世界。對精神分裂症來說，這句佛號正是最好的藥方，它能治療一切精神上的障礙，令我們躁狂的心轉成健全的、清淨的、平等的、慈悲的、感恩的、慚愧的心。如是心靈的轉化，便能和諧家庭關係，形成健全的人格。

07 問：望法師給我們講點大乘經典，不要講《文昌帝君陰騭文》之類的東西。我們想聞佛法，《文昌帝君陰騭文》不就是老子、莊子和孔子這些《道德經》、《孝經》之類的書嗎？

答：

想聞佛法很好，五乘佛法包括人天乘，《文昌帝君陰騭文》就是談人天乘的善書，故其也屬佛法。為甚麼本人要講這本書呢？是在這幾年的弘法過程中，認知到我們國人的人心越來越敗壞，道德滑坡已經到了非常嚴峻的地步，其重要原因就是現代的國人不信因果。而我們所受的教育都是唯物論、無神論、斷滅見的，人死如燈滅，無有前生後世，所以這些觀念直接把人心和道德逼到了一個非常可怕的境地。所以要匡正人心，恢復固有的道德人倫規範，如果不從倡導三世因果和六道輪迴下手，將會一籌莫展！這也正是大力推廣《文昌帝君陰騭文》的用意所在。就像安士居士所云：「人人信因果，天下大治；人人不信因果，則天下大亂。」如果到了每個人都不信因果的時候，縱然儒家的聖人，堯、舜、禹、湯、周公、孔子、孟子一起出來，乃至佛菩薩一起來到這個世間，也沒辦法救治。

再看看我們教內有些信眾，儘管修的是大乘佛法，但是修行若干年還是煩惱重重，佛法的利益收效甚微。究其原因也是從小就沒有打下儒家文化的根柢，人道的八德——孝悌忠信禮義廉恥尚且匱乏，福德淺薄，故大乘的智慧難以顯發，於淨土生信一門亦構成大的障礙。有鑑於此，本人也就隨緣講點人天善法、因果方面的內容。淨業三福中即有深信因果一科，但我們是不是真的深信因果？其實不容易！深信因果要在內心深處首肯認知，在情感上真的有畏懼、有恭敬，然後在行為上才能夠戰戰兢兢，如臨深淵，如履薄冰，這正是我們現代人要補上的一課！不要認為講因果行為

孟母斷機教子圖
鄒孟軻之母也號孟母其舍近墓孟子之少也嬉遊為墓間之事踴躍築埋孟母曰
此非吾所以居處子乃去舍市傍其嬉戲為賈人衒賣之事孟母又曰此非吾所以
居處子也復徙舍學宮之傍其嬉遊乃設俎豆揖讓進退孟母曰真可以居吾子矣
遂居之至童稚既學而歸孟母方織問曰學所至矣孟子曰自若也孟母以刀斷其
織孟子懼而問其故孟母曰子之廢學若吾斷斯織也夫君子學以立名問則廣知
是以居則安寧動則遠害今而廢之是不免於廝役而無以離于禍患也何以異於
織績而食中道廢而不為寧能衣其夫子而長不乏糧食哉女則廢其所食男則墮
於修德不為竊盜則為虜役矣孟子懼旦夕勤學不息師事子思遂成天下之名儒
千古之亞聖君子謂孟母知為人母之道矣詩云彼姝者子何以告之此之謂也昔
乾隆二十八年歲次昭陽協洽皋月既濟生畫於西子湖頭讀畫樓并識

■〔清〕康壽《孟母教子圖》

規範看起來很淺顯，真正的佛法亦建立在因果罪福基礎上。當年白居易以太守身份，前去向鳥窠禪師請教甚麼是佛法大意，鳥窠禪師回答：「諸惡莫作，眾善奉行。」白居易聽了覺得太平常，便云這話三歲小孩也道得。鳥窠禪師說：「三歲孩童雖道得，八十老翁行不得！」白居易聽完，崇敬之情生起來，向鳥窠禪師頂禮。徹悟大師也曾開示：「善談心性者，必不棄離於因果；而深信因果者，終必大明乎心性。」可見大乘圓頓的教理，真空妙有，第一義諦妙境界相，重重無盡，一多相即，唯心淨土，自性彌陀等玄理，一定要建立在深信因果、修一切善法的前提下。所以我們千萬不要以為《文昌帝君陰騭文》淺顯，實則周安士居士注解得非常透闢，教化人心力量甚巨。誠如印祖所評價，此書「誠可以建天地，質鬼神，羽翼六經，扶持名教，允為善世第一奇書，與尋常善書不可同日而語。不謂之菩薩乘本願輪，現居士身，說法度生者，吾不信也」。我等眾生宜仰體祖師大德之悲心，諦聞研習此書為好，無須妄生分別。

08 問：現在弘揚《弟子規》的朋友們也經常宣揚《二十四孝》，可是我聽說裏面有個郭巨為了孝養母親，卻要活埋自己的親生兒子，難道這也算孝道嗎？

答：

《孝經》是中國傳統社會一部非常有影響力的著作。中國的古聖先賢都強調以孝治天下，一部《孝經》只有一千七百九十九個字，在儒家十三經中屬文字最短的一部經，但是這部經卻有五百多家的注解，其中有幾位皇帝如唐玄宗親自為《孝經》作注解。孝通神明，天之經，地之義。堯舜之道，孝悌而已。《二十四孝》是元代出現的，用故事的形式，配合《孝經》來傳播孝道文化，這部《二十四孝》成為國人傳統啟蒙教育書。家家有《孝經》，每個小孩子都讀過《二十四孝》，並有圖說，雅俗共賞。

二十四孝中，有「郭巨埋兒」的故事。郭巨事奉母親至孝，有一年遇上饑荒，家裏糧食不夠，不能養活全家，在母親與兒子之間，郭巨選擇讓他的母親活下去。這是一個二難選擇：如果有糧食，不存在這個問題；而糧食只夠供一人時，對郭巨這個選擇的價值評判，要放在當時的背景作闡釋。

■〔日本江戶時代〕曾我蕭白《烏窠禪師與白居易》

放在當時的背景上看，第一，對父母的孝是至高無上的，甚至在法律上，不孝都要判極刑的，而且整個社會認為孝道就是人最崇高的一種道德。那麼我們設身處地想，郭巨是個孝子，在面臨著兒子和母親只能養活一個人的情況下，他選擇母親，是可以理解的。其次，在傳統社會，並不是奉行人人價值平等的觀念。在傳統社會有一個觀念：妻子和小孩可以歸屬於自己，所以家長有權處理妻子和小孩。彼時郭巨就想到小孩是歸屬自己的，他一定是犧牲自己的東西來保全他的母親。於是郭巨選擇埋子——放棄他的兒子，便是他純孝心自然而然的一種選擇。正因為他純孝之心，孝感神明，當他一挖坑的時候，竟然挖到一鐔金子，這樣他的兒子也不需要活埋了，母親和兒子都能保全，皆大歡喜。這不是一件很美麗的孝道文化的個案嗎？我們為甚麼要以現代的價值觀念來加以反對呢？

09 問：我的母親接觸佛法後，大事小事忙不停，把自己搞得像個苦行僧一樣，嚴重影響了個人的健康。母親一直比較強勢，除了要求家裏淨口素外，也不允許家人應酬（因為應酬會喝酒、吃肉）、看電視，家人覺得

■〔近代〕陳少梅《二十四孝圖 · 郭巨埋兒》

生活沒有了意思，這嚴重影響了家庭關係。目前，家人都已經無法跟她溝通，她十分固執。請問：我母親的學佛思路對不對，這樣學佛真的能幸福嗎？

答：

令堂由於參加佛教活動而對家庭產生的種種困擾，其根源來自於她的性格，這種強勢性格是造成你們家庭問題的最大根源，也就是說，即使不是表現在學佛上，她老人家這種強勢的性格和做事方式也一樣會對你們的家庭造成困擾。如果你的家庭中大多數人對她老人家的做人、做事方式不認可，那只能說明她走偏了。

學佛的弟子首先要做到敦倫盡分，家庭和睦是一切事業的基礎。有了好的家庭氛圍，才能讓其他不學佛的家庭成員不排斥佛法，進而用四攝法幫助感化他們，他們就漸漸能接受佛法，這就需要耐心與善巧的方式。佛教注重自己修行，戒律也是針對自我的規範。自己修行好了，才能感化他人。他人暫時不被感化，亦不要強制性要求他人。家庭成員不排斥佛法，且通過你的修持信仰佛法，才說明你修學佛法有實際的成效。

作為家庭中的其他成員，比如您父親、您，以及您的愛人，建議還是要從親情的角度，多多包容老太太，不要造成太多的對立。一般來說，比較強勢的人，「我執」

心很重，這種執着心正是造成心靈糾結的主要原因，也是佛法要重點對治的心靈障礙。越是心靈痛苦的人，越需要佛陀的智慧和慈悲，也越需要家人的寬容和關愛。

迴向偈

願消累劫諸業障
願得福慧日增長
願盡此生出娑婆
願佛接引生安養

南無護法韋陀尊天菩薩

ཡི་གེ་ནི་ཤུ་རྩ་དྲུག་པ་འདི་དགེ་ཚའི་ནང་དུ་བཞག་ན་དགེ་ཚ་དེ་ཅི་འདྲར་
བགོམས་ཀྱང་ཉེས་པ་མི་འབྱུང་བར་འཛམ་དཔལ་རྩ་རྒྱུད་ལས་གསུངས་སོ།།

普為助印及讀誦受持
展轉流通各佛經者迴向

願以此功德　消除宿現業
增長諸福慧　圓成勝善根
所有刀兵劫　及與饑饉等
悉皆盡滅除　人各習禮讓
讀誦受持人　輾轉流通者
現眷咸安樂　先亡獲超升
風雨常調順　人民悉安康
法界諸含識　同證無上道

淨音宣流

盧山東林寺網址 www.donglin.org
大安法師網路專輯 www.daanfs.cn
《淨土》新浪博客 http://blog.sina.com.cn/0jt0

大安法師講淨土
江西盧山東林寺
《淨土》新浪博客
盧山東林寺福田
大安法師新浪微博

淨土百問

作者 釋大安

出版 商務印書館（香港）有限公司
香港筲箕灣耀興道三號東滙廣場八樓
http://www.commercialpress.com.hk

發行 香港聯合書刊物流有限公司
香港新界荃灣德士古道二二〇至二四八號荃灣工業中心十六樓

印刷 寶華數碼印刷有限公司
香港柴灣吉勝街勝景工業大厦四樓A室

版次 二〇二三年十二月第一版第一次印刷

ISBN 978 962 07 6721 0
Printed in Hong Kong